Ullstein Sachbuch

ÜBER DAS BUCH:

In der Frühzeit der Menschheit waren Innen und Außen, Traum und Realität nicht getrennt. Im äußeren Kosmos, versinnbildlicht im Zyklus der Tierkreiszeichen, spiegelte sich die menschliche Innenwelt wider. In unserer durch rationales Denken geprägten Zeit ist diese ursprüngliche Einfühlung in die geheimnisvollen, kosmischen Zusammenhänge verlorengegangen. In diesem Sinne sind die Tierkreisträume und -märchen dieses Buches zu verstehen. Es sind Märchen, in die man sich hineinfallen, die man eher fühlen als analysieren sollte. Ihre teils archaische, teils moderne Symbolik ist ein Schlüssel zu den verborgenen Teilen unserer Seele, zu den verschütteten Quellen unserer Kreativität.

DER AUTOR:

Harald Braem, 1944 in Berlin geboren, Schriftsteller, Dipl.-Designer und Professor für Kommunikation und Design an der Fachhochschule Wiesbaden.
Weitere Veröffentlichungen:
Ein blauer Falter über der Rasierklinge (1980); *Die Nacht der verzauberten Katzen* (1982); *Die letzten 48 Stunden* (1983); *Nachrichten aus der Landeshauptstadt* (1984); *Das große Guten-Morgen-Buch* (1985); *Die Macht der Farben* (1985); *Morgana* (1986); *Brainfloating* (1986); *Sirius grüßt den Rest der Welt* (1987).

DIE ILLUSTRATORIN:

Ernestine Repsch wurde 1943 in Gombin (Polen) geboren, Studium an der Hochschule für Gestaltung in Offenbach (Visuelle Kommunikation), seit 1974 Ausstellungen im In- und Ausland, seit 1982 Lehrauftrag an der Fachhochschule Wiesbaden, Fachbereich Gestaltung.

Harald Braem

Zodiac

Die Träume der zwölf Tierkreiszeichen

Mit 12 Abbildungen

Ullstein Sachbuch

Ullstein Sachbuch
Ullstein Buch Nr. 34770
im Verlag Ullstein GmbH,
Frankfurt/M – Berlin

Ungekürzte Ausgabe

Umschlagentwurf:
Theodor Bayer-Eynck
Unter Verwendung einer
Illustration von Beate Brömse

Printed in Germany 1991
Druck und Verarbeitung:
Ebner Ulm
ISBN 3 548 34770 3

Juni 1991

CIP-Titelaufnahme
der Deutschen Bibliothek

Braem, Harald:
Zodiac: die Träume der zwölf
Tierkreiszeichen / Harald Braem. –
Ungekürzte Ausg. – Frankfurt/M; Berlin:
Ullstein, 1991
(Ullstein-Buch; Nr. 34770:
Ullstein-Sachbuch)
ISBN 3-548-34770-3
NE: GT

Inhalt

»In dieser von den Tüchtigen entstellten Zeit, von den Eifrigen verdorbenen Zeit, in dieser längst zu Tode zergliederten und zum Überdruß erklärten Zeit wird es noch einen echten und einsamen Stolz geben, den Stolz des Träumens, und mit dem Träumen wird alles wieder unbegreiflich. Man kann auch sagen, alles was unbegreiflich ist, hört nicht auf in uns zu träumen.«

Ernst Kreuder
(›Herein ohne Anzuklopfen‹)

Vorwort

Träumend erfuhr der Mensch die Zeit, träumend gestaltete er sie. Als er sich aufmachte, aus dem dunklen Schacht des Unbewußten aufzusteigen in die blendende Helle bewußter Wahrnehmung, erschauderte er vor dem gewaltigen Drama am gestirnten Himmel. In der Dämmerzone des immer noch nicht vollendeten Aufstiegs vorwärtstastend, waren ihm Träume und Realität noch ununterscheidbar. Oben und Unten, Innen und Außen waren noch nicht getrennt, wurden erlebt und erfahren als eine Einheit.

Die Bilder seiner Seele, die er träumend wahrnahm, korrespondierten in analoger Weise mit dem Geschehen am Himmelszelt. Im Traume offenbarten sich ihm Göttinnen und Götter. In den Sternbildern und Sonnentrabanten fand er ihre Entsprechungen.

Wir können uns ihn vorstellen, wie er sinnend in den samtschwarzen Nächten der Frühzeit, den Blick zum Firmament erhoben, vom funkelnden Lichtgeschmeide der Gestirne und Galaxien ehrfürchtig Sinn und Bedeutung ablas.

Er erkannte in den Kreisläufen der Himmelskörper Prinzipien und Gesetzmäßigkeiten, die er an sich selbst erfuhr und überall in seinem Lebensraum wiederfand, wie die Zyklen des Mondes sich im weiblichen Zyklus widerspiegelten und seine Umlaufbahn die Gezeiten der Meere und Gewässer im Gefolge hatte. So steht der Mond noch heute in der Astrologie und in der Traumsymbolik für das weibliche Prinzip der Nachtseite des Menschen, sein Element ist das Wasser, er repräsentiert die Gefühle und Emotionen, Phantasie und Träume, kurz, die menschliche unbewußte Psyche. Er ist der Herrscher im Tierkreiszeichen Krebs, und Menschen, die unter diesem Zeichen geboren werden, sind von lunaren Prinzipien gezeichnet.

So entstand im Durchschreiten der Zeiten, weltweit, das System des Zodiacus mit seinen Planetenkonstellationen und dem Umlauf von Sonne und Mond.

Dem rationalen Denken des sich aufgeklärt wähnenden Menschen unserer Tage mag dies als unwissenschaftlicher Humbug erscheinen, weil seine Ratio nach Erklärungen suchend, hier keine zu finden vermag. Sie ist unfähig, die geheimnisvollen, kosmischen Zusammenhänge zu erfassen, die unerklärlich bleiben, wie das Leben selbst.

Aus den erkennbaren Offenbarungsträumen, mit denen der Mensch sich einst in die Welt hineinträumte, wurden schon in vorgeschichtlicher Zeit die nach Macht und Größe strebenden Wunschträume der Weltbewältigung und -unterwerfung offenbar. Kaum ein Traum blieb dem Menschen unerfüllt. Verlangte sein schweifender Geist nach Schwingen, träumte er sich Flugmaschinen, weil ihm keine Flügel wachsen wollten. Weit war der Weg, ehe aus den mythologischen Traumgestalten Ikarus und Dädalos die Düsenklipper und Raketenflugzeuge unserer Zeit sich herausmaterialisieren konnten, um im entgötterten Himmel ihre marsianische Macht zu demonstrieren. Auf dieser langen Wegstrecke sind unsere Träume

zu Angst- und Schreckensvisionen geworden, zu Alpträumen, die das selbstverschuldete Ende ahnungsvoll vorauserleben.
Geblieben ist uns der einzig unerfüllte Traum: Der Traum der Erlösung des Menschen von seinen selbsterschaffenen Qualen.
Haben wir uns mit unseren herzlosen, größenwahnsinnigen Träumen an den Rand eines grauenhaften Abgrunds geträumt, dann liegt vielleicht unsere Hoffnung auf Rettung vom Untergang in Träumen, die wieder nach dem Sinn des Lebens fragen, nach der Bedeutung unseres irdischen Daseins und seiner Verflechtung mit allem Kreatürlichen. Die Sternstunde der Wende könnte wieder damit beginnen, daß wir hinter dem Smog und dem trüben Dunst am Himmel, den verlorenen Wahrheiten nachträumen, um sie in unserer eigenen Brust wiederzufinden. Aber können wir noch träumen mit der schöpferischen Kraft einer Sehnsucht, die gestaltend in die Materie hineinwirkt? Oder bleibt uns nur die Gewißheit eines verlorenen Paradieses und lähmende Trauer darüber, daß kein Weg dorthin zurückführt?
Die hier aufgezeichneten Tierkreisträume von Harald Braem geben auf diese Fragen keine offensichtliche, klare Antwort, denn Träume haben ihre eigene Sprache. Sie sprechen in Bildern und Symbolen zu uns, die gedeutet werden wollen, um ihre Bedeutung preisgeben zu können, gleich ob es sich um Träume der Nacht oder Tagträume handelt. Träume kann man nicht konsumieren. Wir müssen uns ihnen im kreativen Prozeß nähern, in der hingebenden Anschauung. Die Tierkreisträume Harald Braems sind weder Wunsch- noch Angst- oder Machtträume. Er träumt sich in ihnen zurück zu den Urquellen, aus denen

Träume fließen. So ist er bald Mann, bald Frau oder Mädchen. Moderne und archaische Zeiten durchdringen sich in der dem Traum eigenen Unbekümmertheit. Aber trotz dieser Unbeschwertheit und Ziellosigkeit ist jeder Traum für sich stimmig, entspricht in tiefgründiger Weise den Urbildern, die sich symbolhaft in den Tierkreiszeichen ausdrücken.

Nehmen wir als Beispiel den Schützetraum.

Auf alten Abbildungen wird Sagittarius noch als Roßmensch mit gespanntem Bogen und zum Himmel gerichteten Pfeil wiedergegeben. Die neunte Karte des Tarot, dem magischen Kartenspiel, stellt den Weisen dar, den Eremiten mit Stab und Laterne. Sie entspricht dem neunten Haus, dem Schützehaus im Horoskop. Auch der Name des Pferdes, Wotan, steht analog für Jupiter, der in Planetengestalt der Herrscher des Zeichens ist. Auf Wotan reitend trifft der Träumende im Schützetraum den alten Weisen im groben Kittel mit der Lampe in der Hand. Nach dieser Begegnung rasen Roß und Reiter den gewiesenen Weg und verwachsen während des Ritts mehr und mehr miteinander, und am Ziel erkennt sich der Träumer als Kentaur.

Über alle astrologischen Bezüge hinaus lehrt uns der Traum, daß wir Roß und Reiter in einer Person sind, wenn wir begreifen, daß das Pferd unsere kraftvolle, animalische Natur verkörpert, die nur sich selbst zum Ziele hat, solange kein Wille ihr Zwang antut. Der Reiter steht für unsere nüchterne Intelligenz, unsere Ratio und liegt meist im Kampf mit dem wilden Vollblut, im Versuch, ihm seinen Willen aufzuzwingen, es zu bändigen und zu zügeln, damit es folgsam die abstrakten und gedachten Ziele unseres Intellekts ansteuert. Um unsere wahre Natur jedoch verwirklichen zu können, bedarf es der weisen Einsicht oder Einsicht des Weisen, daß der Kampf zwischen Roß und Reiter ohne Sinn und lebensfeindlich ist, denn in Wirklichkeit sind wir Kentauren.

Begegnen wir in dieser hingebenden, aufgeschlossenen Weise den Tierkreisträumen Harald Braems, so tun sich hinter der fesselnden Poesie seiner Traumbilder verborgene Türen auf zu Spiegelsälen, in denen wir uns hundertfach widerspiegeln.

Harald Braems Traumpoesie öffnet so vielleicht, wie ein Zauberschlüssel, unsere bilderreichen Seelen, damit wir wieder träumend uns selbst und die Welt gestalten können.

Oswald Michel

Einführung

Von Carl Gustav Jung (1875–1961), dem großen Schweizer Psychologen und Psychiater, dem wir eine Vielzahl von Begriffen und Entdeckungen verdanken, mit denen heute ganz selbstverständlich in Therapien umgegangen wird (Archetypen, Individuation, individuelles und kollektives Unbewußtes, intro- und extrovertiert u. a.), stammt auch der Fachterminus »aktive Imagination«.

Letzteren beschreibt C. G. Jung so:

»Um die Phantasien, die mich unterirdisch bewegten, zu fassen, muß ich mich sozusagen in sie hinunterfallen lassen. Dagegen empfand ich nicht nur Widerstände, sondern ich fühle auch ausgesprochen Angst. Ich fürchtete, meine Selbstkontrolle zu verlieren und eine Beute des Unbewußten zu werden, und was das heißt, war mir als Psychiater nur allzu klar. Ich mußte jedoch wagen, mich dieser Bilder zu bemächtigen ...«

Es folgt nun (in seinen hinterlassenen Schriften, 1945) eine genaue Schilderung eines bizarren, phantastischen Traums, in den er sich hineinfallen läßt, um ihn noch einmal im Wachzustand aktiv zu imaginieren, d. h. intensiv nachzuempfinden.

Der Psychologe A. N. Ammann griff diese bis dahin wenig bekannte Methode auf und gibt dazu in seinem

Buch »Aktive Imagination – Darstellung einer Methode« (Freiburg 1978) eine wissenschaftliche Einführung:

»Ausgangspunkt der aktiven Imagination ist das Unbewußte, wie es sich gerade manifestiert, die aktuelle seelische Konstellation: Ein Bild, eine Phantasie, eine Stimme, ein Traum, eine Melodie, eine Stimmung, ein Affekt, eine Emotion, ein deprimierender oder sonstwie gestörter Gemütszustand.

Der Imaginierende konzentriert sich auf ein seelisches Phänomen, z. B. auf ein Bild, nachdem er sich »leer« gemacht, d. h. die nicht dazugehörigen Einflüsse abgeschaltet hat. Er darf sich von nichts ablenken lassen. Nichts von außen, das nicht dazugehört, darf hereingelassen werden. Der Umkreis des Objektes darf nicht verlassen werden: »Das Gefäß muß verschlossen sein«, sagen die Alchimisten ... Der Imaginierende muß am Bild festhalten und warten, bis es sich von selbst wandelt. Er beobachtet sein Bild eingehend und genau, bis es sich entfaltet und zu verändern beginnt. Aufgrund einer spontanen Assoziation wird sich jedes seelische Bild früher oder später umgestalten.

Nun kommt der entscheidende Schritt: Der Imaginierende geht selbst ins Bild hinein. Er handelt mit, entsprechend der gegebenen Situation. Er spricht mit, wenn auftretende Personen die Möglichkeit zum Sprechen bieten.

Am einfachsten und natürlichsten geht der Imaginierende von einer Traumsituation aus, die unbefriedigend blieb, die unvollständig oder ungelöst abbrach ...«

Dieses Katathymische Bilderleben des gelenkten Tagbzw. Wachtraumverfahrens (von H. Leuner entwikkelte Methode des Autogenen Trainings) ist also so etwas wie eine wache, bewußte Traumreise. Solche Traumreisen haben schon die Schamanen der Altsteinzeit unternommen, die Hexen und Mystiker aller Zeiten und Kulturkreise. Und in diesem Sinne sind auch die Tierkreis-Erzählungen dieses Buches zu verstehen. Es sind Märchen, in die man sich hineinfallen lassen kann. Man sollte sie lieber fühlen als analysieren, den Intellekt ausschalten und so die phantastischen Bildwelten auf sich wirken lassen. Sie sind eine magische Reise zu sich selbst, ein mit archaischen Ursymbolen markierter Weg der Verzauberung.

Wenn auch die Helden und Heldinnen der Märchen haarsträubende Episoden und spannende Abenteuer zu bestehen haben – im Grunde sind sie alle nur schillernde Facetten eines großen Spiegelsaals, in dem wir unser Unbewußtes widergespiegelt finden. Das Buch kann so etwas wie ein Schlüssel zu diesem Saale sein.

Jedem Tierkreis-Traum ist eine kurze Einführung in die Symbolwelt des jeweiligen Tierkreiszeichens vorangestellt, die zwar den Traum als solchen nicht erklärt, aber Orientierungsmarken für den Weg, den Umgang damit setzt.

Und noch eine Anmerkung: In diesen Einführungen wird stets die in der Astrologie übliche Charakterisierung des Tierkreiszeichens vorgestellt. Das bedeutet aber nun nicht, daß ein Mensch stets und für immer dieser Programmierung durch Geburtsstunde und Sternenstand unterliegen muß. Der Widder beispielsweise, der sich seiner Stärken und Schwächen bewußt wird und diese Kenntnisse segensreich für seinen weiteren Lebensweg einsetzt, kann seine Programmierung durch das Geburtshoroskop bewußt verändern. Wir sprechen dann von einem »transformierten Widder« und weisen darauf hin, in welche Richtung sich sein Denken, Fühlen und Handeln entwickeln kann. Aber selbst für den, der eigentlich wenig von Astrologie hält, hat das Buch noch etwas zu bieten: schöne Märchen nämlich, zum Lesen, Vorlesen und Weiterträumen ...

Die Widder-Symbolik

Mit dem Widder, dem ersten Zeichen im Tierkreis (21. März-20. April) beginnt der Zodiac, das astrologische Jahr. Der Widder ist der Frühlingsbote, der Herold, der Verkünder kommenden Heils, der von der Grenze zwischen Licht und Finsternis aufbricht, um die Welt zu erhellen.

Zumeist tut er dies – wie die alten, streitbaren Religionen des Altertums – gewappnet mit Feuer und Schwert. Er ist ein mutiger, unerschrockener Kämpfer und Krieger. Mars, der bleiche Wohnsitz des großen Kriegsgottes, ist sein bestimmender Planet, die Sonne sein Begleiter und Rot, die Farbe von Blut, Feuer und Liebe kennzeichnet seinen Weg.

Nicht umsonst hat gerade diese Farbe die Menschen seit jeher nachhaltig beeindruckt. Rot symbolisiert Erregung, Tatkraft, Aktion, Rot spricht direkt das Nervensystem an (Sympathikus), ist die Lieblingsfarbe unternehmungslustiger, extrovertierter und sich gelegentlich in sinnlosem Aktivismus verzettelnder Menschen. Paracelsus ordnete sie dem leicht aufbrausenden Choleriker zu. Goethe meinte, daß rohe, gewalttätige Menschen gern zu ihr neigen. Sie kann in der Tat (wie die Charaktere der übrigen Symbole Fakkel, Rüstung und Schwert) leicht zum Selbstzweck werden und sich damit einzig in ihrer negativen Aus-

prägung zeigen – als Sinnbild des Krieges, des ewigen Kampfes und der Vernichtung.
Aber sie trägt auch die andere Seite in sich: die Liebe, aus der der Widder seine tiefste und dauerhafteste Kraft ziehen kann. Die Liebe ist für den Widder die wichtigste Brücke zwischen seinem ausgeprägten Ego, seinem Einsamkeit schaffenden Selbstbewußtsein, und dem Anderen, der Welt draußen.
Vor allem aber kann der Widder sich selber der größte und ärgste Feind sein. Dann nämlich, wenn sich seine Tatkraft in Form von Ängsten und Zweifeln gegen sich selbst richtet. Darin liegt für ihn zugleich die Chance zur Transformation: Indem er sich selbst erkennt, das Gleichgewicht zwischen aktiver Eroberung und passivem Erobertwerden (Sehnsucht nach anderen) findet und merkt, daß der Kampf um des Kampfes willen nicht lohnt, macht er sich heil. Dazu gehört viel Lebenserfahrung und die Fähigkeit, aus diesen Erfahrungen auch stets die richtigen Schlüsse zu ziehen. Der Widder ist nämlich (und bleibt es oft bis ins hohe Alter hinein) ein jugendlich voranstürmendes Temperament, das stets mit dem Kopf durch die Wand will. Transformation heißt für ihn, allen jäh ausbrechenden Gefühlsaufwallungen zum Trotz zu lernen, den Kopf kühl und aufrecht zu tragen und ihn nicht in gewohnter Weise zu senken, um mit den Hörnern auf ein Hindernis loszustürmen. Wer zu sehr den Kopf senkt, sieht viel zu wenig von dem, was um ihn herum sonst noch passiert.

Der Widder-Traum

Ich träumte, ich flöge auf einem roten Rosse pfeilschnell dahin und mit mir begänne der Frühling: Noch lag Schnee über dem Land, eine feste, glitzernde Decke aus harschen Kristallen. Kalt schmeckte die Luft, nach Winter, nach klirrendem Schweigen. Und doch lag bereits eine Ahnung des Südwinds darin verborgen. Unter den Hufen meines Pferdes brach das Leichentuch auf, gab die wartende Erde frei. Wir bildeten eine klar erkennbare Spur, eine Gasse für die Sonne, die uns von Osten zaghaft folgte und langsam über die Berge klomm. Bald würde sie unsere Spur erweitern, die erwachende Natur aus ihrem Winterschlaf lecken, Moose, Gräser und Kräuter erblühen lassen. Aber noch lag das größte Stück Weges vor uns, die Zonen des blauen Frostest mit seinen Gletschertälern und scharfen Graten, der eisige Ringwall, die Winterbastionen der Noggas. Dort, in den Gärten des Schweigens, hatten sie sich am Beginn ihres Feldzuges verschanzt, die gefrorenen Geister aus Nog. Von dort aus waren ihre Schatten schwer und lähmend über die Lande gefallen; denn dieser Winter war kein gewöhnlicher. Er war ein Fluch. Mitten im Herbst, zur Unzeit eigentlich, hatte er begonnen. Bereits lange von den Verbitterten erwartet, widerstandslos angenommen von den Hoffnungslosen, den

Verzweifelten und gründlich vorbereitet von den düsteren, seelenlosen Noggas, den Schwarzen, die ihre Schwärze unter strahlenden Mänteln aus Weiß zu verbergen verstanden. Ein Winter, der härter zugeschlagen hatte, als jemals seit Menschengedenken zuvor, der durch die Wälder bis in die Dörfer, die Städte, die Häuser gekrochen war und weiter noch – bis in die Herzen der Menschen hinein. Ein Winter, der Tausende Opfer gekostet hatte, nicht nur an Körpern, auch an Geist, an Verstand, an Gefühl. Und dies alles war nur das Vorspiel gewesen, etwas Äußerliches. Denn mit den wütenden Stürmen waren die Noggas gekommen, unbemerkt, in weiße Mäntel getarnt, zur Nachtzeit zuerst und später am hellichten Tag, standen als scheinbar harmlose Schneemänner mit Besen, Eimer und Rübennase auf Plätzen herum, oder in den Gärten, schauten den Menschen in die Fenster hinein, hatten der Sonne ihre Wärme gestohlen und den Menschen den Willen zur Zukunft. Eine Naturkatastrophe, wie sie etwa eine Schwankung der Erde, ein Verschieben der Pole hätte hervorrufen können? Nein, weitaus mehr: Die Endzeit hatte begonnen, ein Planet war müde geworden und noch mehr die Menschen.
Ich wußte es, und mein roter Rappen, wir wußten es, wir bargen das Wissen in uns, trugen das Vermächtnis des alten Königs, der uns in der Stunde seines Todes ausgesandt hatte, als Eisregen und bläuliche Schatten die Zinnen seines Palastes überrannten, die stolzen Türme brachen und zuletzt, noch in der Sekunde unseres Aufbruchs, das alte Herz des Regenten. Wie waren wir davongeeilt, Blitz, mein Pferd und ich, Marian, den man den Herold nennt! Zuerst waren wir gen Süden gestrebt, in die Provinzen des milden Mon-

suns, die Bewohner der Sonnenstädte zu warnen und vorzubereiten auf das, das unaufhaltsam auf sie zukommen würde. Aber wie hatten sie reagiert, unsere Botschaft leichtfertig lachend in den Wind geschlagen! Die Worte eines fernen, toten Königs, hier, in den Gefilden der ewigen Jugend – was galten sie schon? Die Hauptstadt war weit und nah der leichte Genuß an sommerlichen Stränden. Und so wie sie lachten, war das Unheil über sie gekommen. Von einer Minute zur anderen war Schnee gefallen in ungläubig staunende Augen und Münder hinein. In die Häuser waren sie geflohen, in die Hütten ihrer Weinberge hinein, und dort, um kärgliche Kaminfeuer geschart, waren die meisten von ihnen binnen kurzer Zeit jämmerlich erfroren. Und die, die überlebten, glichen bald in ihrer Seelenlosigkeit mehr den Noggas als den Menschen.

Mit Grausen hatten wir uns abgewandt, nach Westen zu, und waren an der Küste entlang geritten. Doch wo wir auch hinkamen, empfing uns allerorten das gleiche Bild. Man schmähte mir, man lachte mich aus, mich, den Herold Marian, der unzählige Male bei ihnen gewesen war mit froher Kunde und Nachrichten von Belang. Und nirgends fand ich eine Bleibe, gelegentlich Nahrung nur von mürrisch abweisenden Leuten, die nichts vom Ende hören wollten, schon gar nicht von dem der Welt. Sie hatten sich abgefunden mit den Zuständen, arrangiert mit dem Frost, auch dem Frost in ihrem Umgangston und bildeten sich ein, es sei im Grunde nie anders gewesen und einer wie ich, der von anderen Zeiten und Rettung sprach, sei mehr eine Gefahr für die öffentliche Ordnung als ein noch so strenger Winter es jemals sein könnte, wenn nicht noch schlimmer.

So waren wir rastlos dahingeeilt, Blitz, mein Pferd, und ich. Und wir hatten uns gegenseitig gewärmt und getröstet. Er mit seinem heißen Blut und dampfendem Atem, und ich mit meinem wilden Gesang, der von Mut und Widerstand erzählte. Und so, unterwegs, war die Kraft in uns gewachsen, eine zähe, unbändige Macht, als wüchse mit dem Verlöschen der Welt ringsum gleichzeitig in uns der Zorn gegen das Böse.
Da war der Punkt gekommen, wo wir uns umwandten, die Flucht, die Warnpatrouille beendeten, ohne geschlagen zu sein, vielmehr: Selbstbewußt ritten wir den dunklen Mächten entgegen. Und es war richtig so. Die Sonne jenseits der Wolkenbänke gab uns recht. Wir spürten, wie sie uns ihre spärlichen Strahlen zusandte, uns stärkte und wärmte, wo es nur ging. Die Sonne spähte nach uns. Und einmal erblickten wir über den abendlichen Schneefeldern, drei Eulenrufe vor den schroffen Hängen des Etros-Gebirges, das bleiche Gesicht des Mars wie eine Kugel, die von innen glüht. Da wußten wir, daß von nun an auch die Nacht uns nicht mehr feindlich gesinnt war.
Ich schichtete ein Feuer, das lockte wilde Gestalten an, wettergegerbte Männer mit Gesichtern wie Leder, die weder Tod noch Teufel scheuten, sich um die Flamme scharten und die Glut mit trotzigen Sprüchen entfachten. Bergstämme waren es, den Umgang mit Noggas gewöhnt, doch zu eigensinnig und zu stolz, um es jemals den finsteren Geistern gleichzutun. Die Noggas brauchten sie, um von ihnen geleitet, die Wege zu Tal zu finden. Die Bergleute aber brauchten die Noggas nicht, sie waren sich selbst genug und in ihrer rauhen Sturheit sogar den Schattenwesen noch überlegen. Nur beim Feuer tauten sie auf, fluchten den Noggas und manch einer von ihnen faßte

beim heißen Glühwein heimlich den Entschluß, die Eindringlinge aus den Gletscherzonen in ihre Schranken zu verweisen.
Am Morgen ritten wir weiter, Blitz, mein Pferd, und ich, den man Marian, den Herold nennt. Und wo wir ritten, folgte der Frühling unserer Spur.
An der Grenze zur Zone des blauen Frostes, scheute Blitz das erste Mal seit Beginn unserer langen Reise. Vor uns lag ein vereister Fjord, spiegelglatt und offenbar unpassierbar. Und jenseits des Fjords, am Rande der ersten Felsbastion, sperrte ein Heer von grimmigen Schneemonstern den Durchgang zum Gebirge. Tausend eisige Schreckgesichter starrten uns entgegen. Soweit ich auch sah, nirgends bot sich ein Übergang. Wir hatten keine andere Wahl, wir mußten es wagen. »Vorwärts, Blitz!« rief ich und gab meinem stolzen Roß die Sporen. Mit einem kühnen Sprung setzten wir auf das Eis. Pfeilschnell glitten wir dahin. Noch bevor wir das andere Ufer erreichten, hatte ich mein Schwert gezückt und streckte es wie eine Lanze dem Feinde entgegen. Und plötzlich fiel ein schmaler Strahl der Sonne durch das Gewölk, brach sich an der glänzenden Schneide und ließ sie hell aufleuchten, als trüge ich eine Feuerfackel der Sonne direkt in meiner Hand.
Die Schneemonster stöhnten auf, einige wichen geblendet zurück. Jetzt hatten wir das Ufer erreicht. Mit ungeheurer Kraft prallten wir in die eisigen Schatten hinein. Blitz wieherte angriffslustig. Es klang wie das schmetternde Signal einer Kriegstrompete. Ich hatte mich im Sattel aufgerichtet, mit beiden Händen den Schaft des Schwertes ergriffen und hieb gnadenlos um mich. Scharf pfiff die Klinge durch die Luft, fuhr in die Leiber der Ungeheuer, hieb eine Gasse durch ihre

schrecklichen, bläulichen Schatten. Wo ich traf, da schmolz der Schnee, da wich die Kälte zurück, und bald brach ihre Phalanx zusammen. Seufzer und Klagelaute, wie splitterndes Glas, erfüllten die Luft. Die ersten ergriffen die Flucht. Doch wir setzten ihnen nach, die Gejagten waren zu Jägern geworden. Angriff, das war nach meinem Geschmack, das brachte das Blut in Wallung. Als wir dampfend und vor Erregung bebend innehielten, war unser Sieg perfekt, der Feind vernichtend geschlagen. Ein paar Haufen wässrig tropfenden Schnees, mehr nicht, das war alles, was von dem riesigen Heer geblieben war. Noch einmal wieherte Blitz. Und diesmal klang es wie ein Siegesruf aus alten, längst vergessenen Tagen. Hinter uns aber tönte es gurgelnd und berstend vom Fjord. In der Mitte des Wassers, dort, wo die Decke am dünnsten war, hatten sich Risse gebildet. Es war, als versuche eine Macht der Tiefe aus dem Grund des Fjords emporzubrechen und den gläsernen Deckel seines Gefängnisses zu durchstoßen. Uns kümmerte es wenig, was hinter uns geschah. Vor uns lag der Weg, das Eltros-Gebirge, der zackige Kamm, von dem ich wußte, daß es die innere Grenze des Winters war. In leichtem Trab, tänzelnd vor Lust, strebte Blitz dem Beginn des Paßpfades zu.

Anfangs ging es gut voran. Die Sonne hatte sich hervorgewagt, die Wolkendecke beiseite geschoben und ließ ihr Licht in Millionen Eiskristallen spiegeln. Dann wurde der Weg steiler und mühsamer. Seltsam ruhig verhielt sich das Gebirge. Mir schien es, als sammle das Böse erneut seine Kraft in den Schluchten und Gletschertälern jenseits des Klamms. Auch Stimmen vernahm ich, ein feines, kaum hörbares Murren unterhalb des Windes. Und je stärker der Wind zum

Sturm anschwoll, desto lauter und drohender wurden die Stimmen. Dann brach mitten aus heiterem Himmel ein Unwetter los. Hagelkörner, fauchender, eisiger Atem und ein Schneetreiben, so dicht, daß man glauben konnte, binnen kurzem sei die Nacht hereingebrochen. Schließlich sahen wir den Pfad vor unseren Füßen nicht mehr. Ich stieg aus dem Sattel, führte Blitz an der Mähne und hatte aus einer Vorahnung heraus das Schwert bereit in der Rechten.

Da schrillte es aus den Lüften herab, direkt aus dem Zentrum des wütigen Sturms, so schrecklich, daß mir sekundenlang das Blut in den Adern gefror. Blitz bäumte sich angstschnaubend empor. In diesem Moment riß die pechschwarze Wolkendecke über uns auf, zu einem kreisrunden Loch. Aus dem Auge des Orkans stieß ein riesiger schwarzer Geier auf uns herab, so schnell, daß es mir nicht mehr gelang, im rechten Moment das Schwert hochzureißen. Scharfe Krallen fuhren in meine Schulter, rissen mich hoch, trugen mich fort von Blitz in wirbelnde, schwindelnde Höhen hinein. Das kostbare Schwert aber war meiner Hand entglitten, wehrlos hing ich in den Fängen des Geiervogels, höher und höher stieg er mit mir empor. Als ich den ersten Schreck überwunden hatte, spürte ich Schmerz, der mir fast die Besinnung raubte. Dann aber kam Wut in mir auf, grenzenlose Wut und mit ihr eine schier übermenschliche Kraft. Mit beiden Händen packte ich die scheußlichen Krallen und zog sie einzeln aus meinem Fleisch. Es gab ein knirschendes Geräusch, und weiter bog ich an den Krallen, bis einer der krummen, schwarzen Nägel brach. Der Geier schrie auf, seine Schwingen setzten einen Herzschlag lang aus, dann ließ er mich fallen. Ich stürzte, taumelte, strudelte unendlichen Tiefen ent-

gegen. Schließlich raste eine weiße Wand auf mich zu, schluckte mich ...
Ich erwachte und lag in einem weiten, verschneiten Tal. Aber seltsamerweise fror ich nicht. Warme Felle waren um mich gehüllt und neben mir kniete ein Wesen, das ich nie zuvor gesehen hatte. Auch in meinen kühnsten Träumen hätte ich mir einen Yeti nicht so vorgestellt. Aber es war einer. Rot zottig, mit verfilztem Haar und einem Blick, der von jenseits der Zeit zu kommen schien, hockte er da und rieb meine verletzte Schulter mit einer ekelhaft stinkenden Salbe ein. Er hatte bemerkt, daß wieder Leben in mir war, brummend stand er auf und deutete mit seiner behaarten Faust auf die Gipfel des Nog. Ich nickte. Das war mein Weg und dicht schon war ich an meinem Ziel. Der schwarze Geier hatte mich weit getragen. Wieder brummte der Yeti. Er schüttelte den Kopf. Nie zuvor war ein sterbliches Wesen bis hierher vorgedrungen, in die Gärten des Schweigens hinein, bis dicht an die Winterbastionen der Noggas. Warum half mir der Yeti? Lebte er außerhalb der Gesetze von Nog? Ich verstand es nicht, und mir war klar, daß ich es wohl nie erfahren würde. Aber dankbar nahm ich seine Hilfe an. Auch das mächtige Fell, das er mir zum Abschied schenkte, als ich aufbrach. Warm lag es um meinen Körper und frisch auch war meine Lebensenergie zurückgekehrt, als ich nun, waffenlos zwar, aber mit neuem Mut erfüllt, über die Gletscher zum Nog voranschritt.
Der bleiche Mars stand am Horizont und leuchtete mir den Weg. Bald drang ich zum Fuße des Gipfels vor. Und hier nun geschah etwas sonderbares: Hatte ich die Stille in den Gärten des Schweigens zuerst als etwas Reines, Majestätisches aufgefaßt, so beschlich

mich bald, mit jedem Schritt mehr, ein unbestimmbares Gefühl der Bedrohung. Schweigen kann etwas Köstliches sein. Aber übersteigt es ein gewisses Maß, kehrt es sich um ins Gegenteil; dann beginnt das Schweigen zu donnern.

Inmitten des Donners aber hörte ich eine Stimme, die mich ansprach. Und seltsamerweise war die Stimme meine eigene. Ich sprach, ohne Herr über das zu sein, was ich sprach. »Ich bin allein«, sagte die Stimme, »ich fühle mich einsam. Ich gehe einen Weg, den niemand will außer mir, weder ein Mensch, noch ein Tier, noch ein Geist oder Noggar. Ich bin verlassen von aller Welt. Warum also gehe ich?«

Und weiter sprach meine eigene Stimme: »Warum bäume ich mich auf gegen ein Schicksal, das allem und jedem zuteil werden wird? Warum versuche ich etwas zu verändern, das sinnlos ist? Warum fällt es mir schwer, mit dem Sturm, mit den Wölfen zu heulen? Kehre also um, Schatten dessen, der früher einmal der Herold Marian war, gib auf, geh mit der Kälte, folge dem Atem der Stille.«

Wie ich so sprach, spürte ich plötzlich, wie übermächtig die Einsamkeit um mich herum geworden war. Vor langer Zeit hatte mich meine Aufgabe von den übrigen Menschen getrennt und jetzt war ich abgeschnitten von allem. Ich schauderte. Viel schwerer als dies aber wog die Erkenntnis, daß ich eine Grenze überschritten hatte. Ich hatte den letzten, den größten Feind erreicht, und dieser Feind war nichts mehr Faßbares außerhalb von mir, viel schlimmer: Der Feind war ich nun selbst, genauer – die Angst in mir vor übergroßer Einsamkeit war der Feind. In diesem Augenblick wechselte der Mars sich mit der aufgehenden Sonne ab. Und als ob mit ihr ein Funke des nie verlöschenden Feuers in mich drang, kam mir die Strophe eines uralten Liedes wieder in den Sinn, eines das ich bei Festen einst im Kreise der Freunde vorgetragen hatte. Und ihre Gesichter, ihre Stimmen, ihr Lachen kamen mir wieder in den Sinn, an die Bergleute, an den freundlichen Yeti, an Blitz, mein Pferd, mußte ich denken. Wie freute ich mich darauf, sie wiederzusehen!

Ich begann mit klarer Stimme zu singen:

Meine Liebe ist wie ein bunter Vogel,
Der aus seinem engen Käfig flieht,
Breitet aus der Freiheit Flügel,
Singt für dich sein schönstes Lied ...

So sang ich und ging weiter auf den Gipfel zu. Und als ich mich auf halber Höhe umwandte, um dem Klang des Echos zu lauschen, sah ich auf den Berghängen ringsum, dort wo die Heimat der wilden Bergstämme sein mußte, Dutzende kleiner Feuer auflodern. Und zugleich mit ihnen entflammte kraftvoll eine neue, wiedererwachte Sonne. In den Tälern und weiter noch jenseits der Berge, in den Dörfern und Städten der Menschen, setzte der Frühling zum Siegeszug an.

Die Stier-Symbolik

Mit Recht verbinden sich mit dem »Wonnemonat« Mai von alters her Vorstellungen von Wachstum, Fruchtbarkeit und aufkeimender Liebe – denken wir nur an die Walpurgisnacht, das Tanzfest der Hexen zur Frühlings-Sonnenwende (30. April / Tanz in den Mai) und den darauffolgenden 1. Mai mit dem aufgerichteten Maibaum, unter dem schon unsere heidnischen Vorfahren ausgelassen feierten!

Und kaum ein Tierkreiszeichen ist seinem Wesen nach so erdverbunden, körper- und gaumenfreudenbetont wie der Stier (21. April-20. Mai). Er (oder sie) ist absolut sinnesbezogen, legt auf Äußerlichkeiten Wert, auf Kleidung und Ansehen, auf materiellen Besitz und Schmuck und vor allem auf gutes Essen.

Die Köchin und der Gourmet, der Genießer und Schlemmer, wer gern feiert und Sinn für ästhetische (aber auch handfeste) Besonderheiten hat – diese Charaktere fühlen sich im Zeichen des Stiers besonders wohl.

Der Zeitraum und die dazugehörige Symbolik (Gehörn, silberne Mondsichel) wurden schon von den Jägern und Sammlern der Vorzeit mit besonderer Ehrfurcht betrachtet (Felsbilder von Altamira, Lascaux, Zeichnungen indianischer und sibirischer Schamanen usw.) – standen sie doch stellvertretend für lebensspendende und lebenserhaltende Vorgänge in der Natur, im Bewußtsein der Menschen vorrangig also für das weibliche Prinzip.

Patriarchalisch bezwungen und unterworfen wurde der Stier erst viel später. Dies spiegelt sich in vielen Sagen, Legenden und Religionen wider, z. B. beim kretischen Minotaurus im Labyrinth bis hin zur jüngsten, noch heute praktizierten Form – dem spanischen Stierkampf.

Seine Unterwerfung und Domestizierung anerkennend verbleibt der Stiermensch bodenständig im lenkbaren Kreislauf von Nahrungsbeschaffung, Aufzucht und Gehorsam gefangen. Seine Transformation liegt nun keineswegs darin, sich zu entwurzeln und all diesen wesensprägenden Dingen und Eigenschaften zu entsagen, sondern im bewußten Umgang damit. Vor allem ist es für ihn wichtig, sich der uralten, in ihm schlummernden Kräfte zu erinnern und des Wertes, den diese mehr denn je in unserer heutigen Welt darstellen können. Der transformierte Stier ist zutiefst heidnisch ohne Barbar zu sein, ein echter Lebenskünstler, nicht Eintagsfliege auf der dünnen Kruste unseres Planeten, sondern selbstbewußter Teil und aktive Ausformung dieses lebendigen Organismus namens Erde.

Der Stier-Traum

Ich träumte, ich wäre zu einem großen Bankett geladen: Nicht zum stinkreichen Schulze-Stahl, nicht zum Kardinal und auch nicht zum Hofe des Königs, oh nein, nicht so simpel, nicht so profan! Diese Einladung bedeutete weitaus mehr! Ins Paradies war ich gerufen, ins Paradies der Gourmets und Schlemmer, direkt an Agrethas Tafel. Ich wußte, was diese Auszeichnung bedeutete. Zu Agretha, von der die besten Köche der Welt noch staunend lernen könnten, wird man nur einmal im Leben gerufen. Und gibt es auch nur wenige verläßliche Quellen, die vom Verlauf eines solchen Gastmahls halbwegs glaubhaft zu berichten verstehen, so ist doch die gesamte Fachwelt des Lobes und der Bewunderung voll; Unglaubliches erzählt man sich in Kennerkreisen, das einem beim bloßen Zuhören das Wasser im Munde zusammenlaufen läßt. Das Volk aber nennt sie nur schlicht und einfach »Agretha, die große Köchin«, und dies – mit einer gewissen Betonung ausgesprochen – macht deutlich, um was es geht: Nie hat es in unserer Zeit einen Koch, eine Köchin gegeben mit einer glücklicheren Hand, mit einer feineren Nase, mit einem treffsicheren Gaumen als Agretha, die große, die dicke, ach was sage ich, als Agretha, die göttlich fette Köchin.
Die Einladung war so überraschend gekommen, daß

es mich wie aus heiterem Himmel traf. Tagelang hatte ich wie im Rausch gelebt, wichtige Termine verschoben, Kleider anprobiert, dem Essen weitgehend entsagt, denn ich wollte mich auf dieses Fest bei Agretha gründlich vorbereiten, mich einstimmen, um auch ja zum betreffenden Zeitpunkt gereinigt, bereit zu Genuß und hingebungsvoller Aufnahme zu sein. Natürlich waren meine Freundinnen neidisch, steckten die Köpfe hinter meinem Rücken zusammen, bestürmten ihre Männer, sich ihrerseits in der Öffentlichkeit hervorzutun, um endlich ebenfalls die Ehre zu erhalten, bei Agretha eingeladen zu werden. Mochten sie ruhig tuscheln. Stolz trug ich den Kopf, den Brief mit Agrethas Einladung ständig bei mir in der Tasche, obgleich ich ihn bereits auswendig kannte, Ort, Tag und Uhrzeit im Schlaf hätte hersagen können. Die Woche schleppte sich träge dahin. Endlich war es soweit, der große Tag begann. Morgens hatte ich ein schmales Frühstück zu mir genommen, mittags geruht und mich danach in ein erfrischendes Duftbad gelegt. Am Nachmittag probierte ich Schmuck und mein neues Abendkleid an, dann begann ich mich mit Bedacht zu schminken. Oh ja, schön wollte ich sein bei so viel Prominenz, die zu erwarten war. Eine leuchtende, strahlende Blume in außergewöhnlicher Nacht. Die Droschke kam und holte mich ab, ein schweigsamer Chauffeur, eine lautlose Fahrt durch die erleuchteten Boulevards der Stadt, durch Villengegenden und Nobelviertel, weiter noch hinaus, den Hängen zu, wo die Minister und Reichen des Landes ihre Sommerresidenzen besaßen, und schließlich durch dichten Tannenwald dem abgelegenen Schlosse Agrethas zu, das einsam und stolz auf einem Berggipfel thronte.

Wir erreichten den Hof, der voll Luxuslimousinen war, livrierte Diener mit Schirmen standen bereit, den Wagenschlag zu öffnen, hilfreich den Arm zu reichen und ihre illustren Gäste zum Portal zu geleiten. Es war windig und regnerisch. Mich fröstelte das kurze Stück bis zur Treppe.
Drinnen aber empfing mich Behaglichkeit. Tausend Kerzen brannten in der Eingangshalle und beiderseits der Treppen, und der große Kamin im Saal war angeheizt und strahlte gemütliche Wärme aus. Ich streifte meinen Pelz ab, überließ ihn dem Personal und wandte mich der erwartungsvoll raunenden Versammlung zu. Einige bekannte Gesichter entdeckte ich beim ersten flüchtigen Hinsehen, Persönlichkeiten auch, deren Konterfei ich von den Titelblättern der Zeitungen her kannte, ein Großbankier, zwei Bischöfe in vollem Purpurornat, drei Generäle, mindestens ein Dutzend hoher Regierungsbeamter und feine Damen der besten Gesellschaft. Da blitzten Rubine, Smaragde, goldene Ketten, Orden, Juwelen, Perlen erlesenster Qualität. Gleich mir hatte ein jeder das Besondere der Stunde erkannt und sich zu diesem Anlaß in Unkosten und Schale gestürzt. Man konnte sagen, in dieser festlich geschmückten Halle hatte sich die wahre Elite des Landes eingefunden.
Plötzlich verstummte die Unterhaltung, alle Köpfe wandten sich in eine Richtung und ein bewunderndes Aufstöhnen ging durch die Menge, als Agretha in einem atemberaubend grün schillerndem Abendkleid die große Freitreppe herabgeschritten kam. Ich muß gestehen, auch mich entzückte ihr Anblick, bewegte sie doch ihre üppigen Formen, die den meinen nicht ganz unähnlich waren – auch ich habe eine Tendenz zu Rubenscher Vollschlankheit – mit einer solchen

Eleganz, daß es schien, als schwebte sie direkt auf uns zu. Sie hob die Hand und sofort schwieg alles im Saal. »Liebe Freundinnen und Freunde«, begrüßte sie uns mit warmer, dunkler Stimme, »ich freue mich, daß ihr alle meiner Einladung Folge geleistet habt, und ich kann euch versichern, daß ich das Meinige zum guten Gelingen dieses Abends beitragen werde. Seid meine Gäste, fühlt euch wohl, genießt in vollen Zügen Küche und Keller und feiert mit mir dieses Fest, von dem ich hoffe, daß es uns allen unvergeßlich in Erinnerung bleiben wird.« »Und nun« – sie klatschte einmal kurz in die Hände – »genug der Vorrede, das Bankett möge beginnen.«
Augenblicklich sprangen die Seitentüren auf und herein quoll eine Anzahl entzückend zurechtgemachter Zwerge in rosa, hellblauen und pinkfarbenen Eichhörnchen-, Affen- und Meerschweinchenkostümen, die quirlten emsig mit Silbertabletts durch die Menge und servierten Krimsekt und Champagner.
Ja, Agretha war eine wirkliche Zauberin, die es verstand, ihre Feenmacht ästhetisch zu kultivieren: Kaum hatten wir an der Tafel Platz genommen, ertönte melodische Musik und ein versteckter Mechanismus ließ von der Decke Rosenblüten auf uns herniederregnen. Agrethas größtes Geheimnis bestand aber darin, daß sie die Gabe besaß, Gedanken zu lesen. Niemand bekam das gleiche zu essen und brauchte auch nicht zu bestellen – die possierlichen Tierchen brachten einfach das, an was man gerade dachte. Ich zum Beispiel hatte mir kaum meine Lieblingsvorspeise vorgestellt, da stand sie auch schon vor mir: dampfende Hummersuppe mit Garneelen, elegant, fast frivol gewürzt mit Lorbeer, Dill, einem Löffelchen Weißwein und einer Prise Safran. Dazu

gab es Tafelbrötchen mit Butter und feinem Chester. Es ist bei mir folgendermaßen: Habe ich erst einmal von der milden Würze des Meeres gekostet, so wird mein Appetit auf angenehme Weise beflügelt. Frische Miesmuscheln (eine Seltenheit um diese Jahreszeit) in herbem Weißwein war also der nächste Gang, und noch dazu auf rheinische Art, die ich ganz besonders bevorzuge. Dabei kommt nämlich außer einer kleinen Zwiebel, einem Viertel Lorbeerblatt, wenigen weißen Pfefferkörnern, Salz und zwei bis drei Petersilienstengeln, eine Teelöffelspitze Thymian in den Wein. Und was das Besondere ist: Es wird festes Schwarzbrot mit Butter dazu gereicht, wobei ein Gläschen klarer Weizenkorn als Geschmacksveredler nicht fehlen darf.

Und wenn man schon so nah den Gaumenfreuden Galliens ist, so sollten als dritte Vorspeise Morcheln auf gedünsteten Sellerieböden folgen, die man zuvor mit Pilzbrühe, Sahne und Eigelb überbacken hat.

Göttliche Agretha, auch dieses Hors d'œuvre war ihr zu meiner vollsten Zufriedenheit gelungen. Ich mußte mich fast gewaltsam von der Platte reißen, um den Magen nicht vorschnell vor dem Eintreffen des eigentlichen Hauptgerichts zu füllen. Meine Disziplin jedoch wurde aufs schönste belohnt, denn nun in der Pause traten die Künstler auf, Feuerspucker und Degenschlucker, ein Schlangenmensch, drei Akrobaten und schließlich schlanke, braune Tänzerinnen. Halbnackt schwebten sie als ägyptisches Ballett durch den Raum, bildeten mit ihren Körpern Figuren, eine Schrift, ließen ihre sieben Schleier fallen, wehten wie Blüten im Wind hinweg, nur um ebenso schönen, wohlgeformten jungen Männern mit seidenglänzender Bronzehaut Platz zu machen, die dicht an mir vor-

übertanzten. Sie warfen mir versteckte glutvolle Blicke zu. Und wer sich für keine der beiden Tanzdarbietungen entscheiden konnte, für den trat eine gemischte Gruppe atemberaubend schöner Menschen aus der Karibik auf. Und hier bemerkte ich, daß es meinen Nachbarn, einen pyknischen Reedereibesitzer in elegantem weißen Smoking, dem seit geraumer Zeit schon die Augen vor Begierde aus dem Kopf zu quellen drohten, kaum noch auf seinem Sitze hielt. Gerade als er sich halb erhoben hatte, um nach den Rundungen einer besonders rassigen Schönheit zu greifen, stand wie aus dem Boden gewachsen unsere Gastgeberin neben ihm. Ganz leicht nur berührte sie ihn mit ihrer Hand, da verwandelte der Mann sich vor meinen Augen in einen balzenden Pfau. Ein herrlicher Trick, den Agretha sich da hatte einfallen lassen, eine perfekte Illusion. Der Großreeder, oder besser der fette, buntschillernde Pfau, watschelte mit aufgeplustertem Gefieder radschlagend hinter der Tänzerin her aufs Parkett. Alle lachten. Der Anblick war wirklich herzerfrischend komisch.
Agretha lächelte mir zu. »Ist alles zur Zufriedenheit?« fragte sie.
»Wundervoll«, gab ich aus tiefster Seele zur Antwort. Ich schwebte im siebenten Himmel der Glückseligkeit. »Fein«, sagte Agretha, »dann kann ja das Hauptgericht kommen.« Und ohne, daß ich einen Ton zu äußern brauchte, servierte der Affe von vorhin ein Tablett mit dampfenden Schalen und Schüsseln. Soll ich es wagen, zu nennen, was ich insgeheim lautlos als Bestellung aufgegeben hatte? Ja, ich wage es, auch auf die Gefahr hin, daß so mancher Gourmet jetzt vielleicht die Nase rümpfen mag über meine allzu derben, volksnahen Gelüste: Rehmedaillons nach

Art St. Hubertus waren es lediglich. Jedoch auch hierbei kommt es, wie stets, auf die Kunst der Zubereitung an. Butter, Olivenöl, gemahlener Pfeffer, Salz, Marinade, trockener Weißwein, zerdrückte Wacholderbeeren, ein kleines Lorbeerblatt, zwei in Scheiben geschnittene Karotten, ein Zweiglein Thymian, Bleichsellerie, Nelken, süße Sahne, eine Messerspitze Johannisbeergelee und einige Tropfen Cognac sind nur eine Hälfte des Geheimnisses ihres Geschmacks. Die andere Hälfte resultiert aus der aufeinander abgestimmten Kombination der Zutaten untereinander, die nur ein Küchengenie von Rang zur Vollendung treiben kann. Dazu gab es Kartoffelkroketten, in Portwein gedünstete Schattenmorellen, pochierte Äpfel und Pfifferlinge.

Ich schmauste mit Hingabe, so daß es mich wenig störte, daß der schweinsköpfige General von gegenüber, der bereits die zweite Grillhaxe aß, von Bissen zu Bissen immer schweinischer aussah. Als ich zwischendurch vom guten Jahrgang roten Macon nippte, hatte er sich vollends in einen Eber verwandelt, schmatzte und grunzte mit fetttriefenden Mundwinkeln und mit dem andächtigen Blick eines Keilers, der alle Kraft und Konzentration für die wichtigste Tätigkeit seines Lebens brauchte. Auch die Dame neben ihm, die ich anfangs noch schwach als eine bekannte Operettensopranistin in Erinnerung hatte, wirkte mittlerweile mehr wie eine vollgestopfte Gans. Warum auch nicht, ich hatte nie viel von ihrer Stimme gehalten. Kein Grund für mich, sich weiter Gedanken zu machen.

Zudem wurde ich zunehmend von den herrlichen farbigen Lichteindrücken abgelenkt, die nun zu den Klängen einer Wasserorgel aufflammten. Der ganze

Regenbogen in Musik gebracht – auch das war ein Meisterstück Agrethas Phantasie. Und mit der ihren glitt auch meine Sinnlichkeit dahin auf sanft sich kräuselnder Wellenbahn, die meine Haut und meinen Magen gleichermaßen zu liebkosen schien. Wie gern hätte ich jetzt Agretha, die mir so Ähnliche, gespürt! Als ob sie auch diesen Wunsch vernommen hätte, saß sie plötzlich neben mir, auf dem freien Platz des Reeders, berührte ganz sanft meinen Arm und sah mich an, daß ich in ihrem Blick versank. »Hast du eine spezielle Vorstellung für die Nachspeise, mein Rehlein?« fragte sie.

Ach, wie gut taten diese Worte, besonders, wenn man im Leben mehr als einmal schon von bösen Zungen als ›Walküre‹ tituliert worden war: Mein Rehlein ...

»Ja, Sahnequarktorte mit flambierten Erdbeeren«, sagte ich, »ein klitzekleines Stückchen nur.«

»So soll es sein, mein zartes Reh«, sagte Agretha und winkte einen livrierten Affen heran. ›Oh Agretha, diese Zuwendung, deine Nähe ist wie Balsam für mein Herz‹, dachte ich oder sagte es laut, denn Agretha lächelte nur verständnisvoll.

»Nicht wahr, du wirst von nun an stets in meinem Umkreis bleiben?« fragte sie. »Aus silbernen Schüsselchen speisen und fröhlich rund ums Schloß unter den Tannen springen ...«

Wieso Tannen? War das Fest beendet, mußte ich gehen? Tatsächlich spürte ich zunehmend einen Drang, nach draußen zu eilen, Luft schnappen im Park, ein wenig die Beine vertreten. Ich lief hinaus und sog begierig die Frische ein. Es roch nach Mai. Der Regen war versiegt, der Wind so mild, und köstlich betaut funkelte das Gras zwischen den Bäumen. Die Droschken im Hof waren verschwunden, eine letzte nur stand noch bereit, und der Chauffeur bemühte sich, den Wagenschlag offen zu halten. Ich lief neugierig näher. Da sah ich, wie am Wagen ein dicker, fetter Pfau vergeblich versuchte, ins Innere zu steigen. Schließlich gab er auf und watschelte beleidigt zur Gartenmauer. Ich aber hüpfte fröhlich zu den Tannen. Was hatte Agretha noch gesagt? Ach ja: Aus silbernen Schüsselchen speisen ...

Die Zwillinge-Symbolik

Mit dem Tierkreiszeichen Zwillinge (21. Mai-21. Juni) verbinden sich die uralten, mythischen Vorstellungen dualistischer Systeme, die ihren Niederschlag in vielen Religionen (u. a. auch im Christentum) gefunden haben: Licht und Finsternis, Gut und Böse, Mann und Frau – dies sind im Bewußtsein der Menschen polare Gegensätze, die sich im negativen Falle bekämpfen müssen, im positiven ergänzen können.
Solche Ergänzungen zu neuer Form wurden schon in der Altsteinzeit als geschlechtlich nicht eindeutig definierbare, »androgyne« Wesen erdacht. In der Antike wurde daraus die Figur des Hermaphroditen, halb männlich, halb weiblich, in der Gesamtheit aber ein göttliches Wesen – eine Vorstellung, von der (unbewußt) noch viele Menschen heute träumen. C. G. Jung nannte die geteilten Wesenshälften Animus und Anima und leitete verschiedene psychische Erkrankungen vom Ungleichgewicht bzw. der Unterdrükkung der einen von der jeweils andern Hälfte ab.
Der Stoff, aus dem nicht nur die Träume sind, sondern auch die Themen zahlreicher Dramen, Dichtungen und Romane, gereichte z. B. Hermann Hesse zur Vorlage für seinen »Steppenwolf« – in ihm finden der unstete Animus Hermann und die lange verleugnete und unterdrückte Anima Hermine nach Irrungen und

Wirrungen im »magischen Theater« des Lebens endlich zur erlösenden Vereinigung in der Person des Erzählers.

Zwei unterschiedlich ausgestattete Gehirnhälften schließlich besitzt jeder Mensch: eine mehr »männlich« digital-analytisch orientierte »rationale« linke und eine mehr »weiblich« analog-ganzheitlich orientierte »emotionale« rechte Hemisphäre, die häufig genug im Widerstreit miteinander liegen können.

Im besonderen Maße gilt dies für die Zwillinge. Sie denken, empfinden und handeln oft so, als ob sie tatsächlich zwei Wesen in einem wären. Damit legen sie sich selbst die Fallstricke, über die sie stolpern. Der unbewußte Zwilling spürt stark die innere Zerrissenheit und leidet unter ihr, was zu Selbstzweifeln und Aktivitätsdämpfung bis hin zu völliger Passivität führen kann. Der transformierte Zwilling hingegen entdeckt die Einheit der Gegensätze in sich, die »unio mystica«, die mystische Einheit, wie sie die Alchimisten des Mittelalters nannten und im Symbol der »chymischen Hochzeit« darstellten. Der Philosoph und Theologe, Kardinal Nikolaus Cusanus, bezeichnete es so: »Coincidentia oppositorum« – die »Harmonie der Gegensätze«.

Ihre Symbolfarbe ist Violett, die vollkommene Verschmelzung der psychologischen Gegensatzfarben Blau (weiblich) und Rot (männlich), die Grenzüberschreitung, die Transformation an sich. Aus dieser Verbindung und Durchdringung schöpften die Alchimisten den »Stein der Weisen«: Wissensgewinn, wie er auf jeder höheren Stufe des Bewußtseins auftaucht, wenn es den Dualismus der niedrigeren Systeme überwindet.

In den Bereich der Zwillinge gehören auch die oft und

gern zitierten und dargestellten Symbolbilder vom Schatten und dem Verlust desselben (ein besonders erwähnenswertes Forschungsgebiet C. G. Jungs), sowie von Spiegeln. Im Spiegel den Doppelgänger und das andere Ich in sich selbst zu erkennen, dürfte allerdings eine Aufgabe für jeden Menschen und nicht nur allein für den Zwilling sein. Für diesen jedoch im besonderen Maße.

Der Zwillinge-Traum

Ich träumte, ich hätte meine eigene Stimme vernommen: Ich schreckte hoch und fand mich in einem Eisenbahnabteil wieder. War ich eingenickt, hatte ich laut gedacht? Ich sah mich um. Mir gegenüber saß ein älteres Paar, ein Mann im Rentenalter, die Frau etwas jünger. Daneben saß eine blasse junge Frau mit fahrigen Bewegungen, die aussah, als hätte sie geweint. Links an der Tür las ein Schüler in einem zerfledderten Taschenbuch. Der Platz neben mir war leer. Und dennoch hatte ich das Gefühl, daß noch vor kurzem jemand dort gesessen hatte. Der alte Mann spähte aus dem Fenster. »Wir müssen gleich da sein«, sagte er und blickte zustimmungsheischend in meine Richtung.

Ich nickte. »Zehn, zwölf Minuten«, sagte ich, ohne auf die Uhr zu sehen. Ich brauchte nicht auf die Uhr zu sehen. Die Bäume draußen, diese kleine Station, die Häuser, die Bahnschranke ... ich glaube, ich wachte immer an dieser Stelle auf.

»Fahren Sie öfter die Richtung?« fragte der Mann.

»Ziemlich oft«, antwortete ich, »manchmal mehrmals die Woche ... ich bin Handelsvertreter.«

»Ach, für was denn?«

»Kosmetikartikel, Lavendelseife, Parfum, Walnuß-

und Haselnußöle, Hautcreme ... aber nur große Mengen, direkt an Drogerien und Friseursalons.«
Der alte Mann schwieg. Nach einer Weile sagte er: »Sehr vernünftig, daß Sie die gemütliche Eisenbahn vorziehen. Wenn ich an die Raserei auf den Straßen denke ...«
Ich nickte wieder. Aber insgeheim dachte ich an diese schnittige metallicblaue Limousine, die ich neulich im Schaufenster gesehen hatte. Einfach toll. Hätte ich sofort gekauft. Da war bloß eine Kleinigkeit, die mich davon abgehalten hatte: Das Komma auf meinem Bankkonto saß bei mir an der falschen Stelle. Aber trotzdem – recht hatte er ja, angenehm war die Eisenbahnfahrerei schon. Sie ließ mir Zeit, Zeit in Ruhe die Route zu planen, die ich abklappern wollte, im Geist noch einmal alle Verkaufsargumente durchzugehen und zurechtzulegen, nachzudenken ...
Der Zug drosselte seine Geschwindigkeit. In wenigen Augenblicken würden wir in den Bahnhof der großen Stadt einlaufen. Die blasse nervöse Frau stand auf und öffnete die Tür unseres Abteils, der Schüler gähnte und klappte den Schmöker zu, das ältere Paar begann umständlich, die Koffer aus der Ablage zu hieven. Auch ich nahm meinen Koffer, einen wuchtigen, braunen, nagelneuen Musterkoffer und schob ihn in den Gang.
»Also dann: Auf Wiedersehen«, sagte die Frau und der alte Mann ergänzte: »Ja, alles Gute und viel Erfolg mit ihrer Seife.« Wir lächelten uns kurz an. Dann hielt der Zug und alles drängte den Ausgängen zu. Kurz darauf stand ich auf dem Bahnsteig und sog die kühle Morgenluft ein. Merkwürdig, wie anders diese Stadt doch roch, irgendwie nach Leben, nach Menschen, Bewegung, nach Abenteuer. Ich schlug den Mantelkragen

hoch, packte meinen Koffer, stieg die Treppe hinab und ließ mich mit dem Gewühl der Berufspendler auf den Bahnhofsvorplatz treiben. Dort war ein Reiterstandbild, irgendein vergessener Fürst, wies mit der ausgestreckten Hand in Richtung Innenstadt, und Tauben kreisten um seinen Kopf und seine Schultern, die weiß befleckt waren und aussahen, als wäre Seifenlauge über sie geschüttet und angetrocknet.

Ich ging immer diesen Weg, über den Platz, durch die Einkaufsstraße, wo die großen Kaufhäuser in zahllosen Schaufenstern ihre Ware anboten. Dann zur Altstadt, an der Marktkirche vorbei und weiter in jenes Gebiet, von dem ich glaubte, es sei besonders günstig für meine Artikel. Hier lag ein schmucker Friseursalon, Damen und Herren, Dauerwelle, viel Silberfolie und große bunte Fotografien von wohlfrisierten Menschen im Fenster. Diesen Salon hatte ich mir vorgenommen zu erobern.

Ich trat ein, vom melodischen Dreiklang der Türglocke begleitet, und sah mich um. Alles wirkte sehr nobel, nach wohlhabender Kundschaft; verwöhnte Leute mit Geld und Ansprüchen, genau richtig für meine Öle und die feinen, kostspieligeren Sachen. Ich stand da und wartete. Der Salon war leer, es war anscheinend noch zu früh. Endlich erschien eine junge Dame, sie streifte mich kurz mit einem Blick, wies mich zum Stuhl. Doch ich winkte ab.

»Nygordna«, sagte ich, »Aron Nygordna, ich komme vom Merkur-Kosmetikdienst und bringe Ihnen die Büchse der Pandora, alles was Aphrodite zum Bade braucht, die Wunder des Orients und was Apoll zur Schönheitspflege nimmt.«

Die junge Dame musterte mich erstaunt. »Ach, Sie sind Vertreter?«

»Genau«, sagte ich, und überreichte ihr meine Visitenkarte. Mich hochgezogenen Augenbrauen begann sie, meinen Namen zu studieren.
»Ny ...gord ...na ..., ein ungewöhnlicher Name ...«
»Ebenso ungewöhnlich wie das Merkur-Kosmetikdienstsortiment«, sagte ich und öffnete meinen Koffer. Ich tat es mit der besonderen Art, von der ich wußte, daß sie immer ankam. Ich hatte das mal bei einem Zauberkünstler abgeguckt, wie er elegant und geschmeidig seinen magischen Utensilienkoffer geöffnet und ihm Dinge entnommen hatte, eins nach dem anderen, Dinge, die seltsam waren und nicht von dieser Welt zu kommen schienen.
Und richtig: Auch hier beugte sich die junge Dame vor, tat einen langen, neugierigen Blick auf meine Waren, die schönen goldenen und silbernen Schachteln, die eleganten weißemaillierten Silberdöschen mit der schwungvollen englischen Schreibschrift und die Flakons.
»Aha«, sagte sie, »aha, sehr interessant, aber ...«
»Warten Sie erst ab, was sich noch alles in diesem Geheimfach verbirgt«, sagte ich mit beschwörender Stimme und wollte weiter Zauber verbreiten. Doch die junge Dame winkte ab.
»Ich kann da nicht allein entscheiden. Einkauf ist Sache des Chefs, und der ist noch zu Hause. Aber ich kann ihn mal anrufen.«
Sie ging zum Nebenraum, wo das Telefon sein mußte. Schade, daß ich nicht selber reden konnte; es ist immer besser, wenn man selber redet. Und so kam sie auch viel zu schnell zurück. Ich las in ihrem Gesicht, daß mein Besuch umsonst gewesen war.
»Pech«, sagte sie, »da ist nichts zu machen. Der Chef hat gerade erst eingekauft, eine neue Firma mit ganz

tollen Sachen, sagt er, tut mir leid.« Ich hatte verloren.

»Auf jeden Fall lasse ich Ihnen mal meine Karte da«, sagte ich, »vielleicht, daß sich später noch mal was ergibt, kann ja gelegentlich mal vorbeikommen, so in vier, sechs Wochen etwa.«

»Da haben wir Betriebsferien«, sagte die junge Dame und sah mich mitleidvoll an. Ich ging bevor es schlimmer wurde.

Draußen blühten die Bäume. Es roch nach Mai und beginnendem Sommer. Ziellos schlenderte ich durch die Alleen, betrat einen Park, setzte mich auf eine Bank. Wie schön doch das Wetter war, so mild und ein Himmel wie auf Postkarten, die man aus dem Urlaub sendet. Ach, wenn dieser verdammte Job nicht wäre, wenn ich selber Leute hätte, die für mich unterwegs wären, und ich nur mal so am Nachmittag für ein, zwei Stunden am Telefon, um die Bestellungen von überall her entgegenzunehmen oder so. Um diese Zeit aber, jetzt, da wär ich am liebsten frei gewesen. Wie die Tauben und Spatzen, die bloß zu landen brauchten, um das Futter einzusammeln, das irgendwelche alten Frauen für sie ausstreuten. Es gab immer alte Frauen, die ihr Brot mit in den Park brachten, genau wie hier, direkt nebenan auf der anderen Bank, da saß auch so eine, krümelte, bröselte und warf die Brocken ihren Lieblingen zu. Ach, wenn ich doch Urlaub hätte oder reich genug wär ... Aber das ging unendlich mühsam voran.

Ich mußte nun los, auf in ein anderes Viertel, einen anderen neuen Kunden suchen, vielleicht klappte es diesmal besser. Ein Bekannter hatte mir die Adresse zugesteckt: Da war doch dieser neue Drogeriemarkt, Johns & Johns oder so ähnlich, der hatte ganz frisch

aufgemacht, und wer anfängt, der weiß noch nicht so genau, was da bei der Kundschaft läuft, der probiert eher mal was aus. Da mußte ich hin, schnell, bevor ein anderer ebenfalls Wind von der Sache bekam.
Ich schnappte meinen Koffer und stand auf. Fußgängerampeln, Straßenzüge, Plätze, Seitengassen, da, endlich hatte ich das Geschäft erreicht. Es roch direkt von weitem schon nach Neuem, nach Farbe, nach Teppichboden, nach Anfang. Das war meine Chance. Ich trat ein, wurde freundlich begrüßt, nach hinten geleitet ins Büro, und dort saß ein junger Mann, der eine Johns persönlich, der, der für den Einkauf zuständig war, und hatte tatsächlich Zeit. Artig überreichte ich meine Karte, brachte mein Sprüchlein vor, klappte den Koffer auf, pries den herrlichen Inhalt, zeigte Stück für Stück, und der junge Mann sah aufmerksam hin, ließ sich alles erklären, hörte mir zu, und ich sprach und sprach.
Nur eines war merkwürdig: Ich hatte das Gefühl, je mehr ich redete, desto weniger blickte der junge Firmeninhaber auf meine Waren, aber dafür um so mehr auf mich. Diese Tatsache verunsicherte mich kolossal. Warum machte er das? War ich wichtiger als die wundersamen Dinge, die mein Koffer zu bieten hatte? Meine Rede stockte. Ich schwieg. Und der Mann sah mich noch immer an. Endlich sagte er: »Kann es sein, daß Sie einen Doppelgänger haben?«
»Wieso? Was schon jemand da? Von der Konkurrenz?«
»Ich kann mich momentan nicht erinnern, wie die Firma hieß, aber auch so ähnlich, meine ich. Jedenfalls haben wir viel gekauft. Sehr viel sogar, für ein halbes Jahr im voraus. Und nehmen Sie's mir nicht übel – es waren exakt die gleichen Waren.«

»Unmöglich«, beteuerte ich, »der Merkur-Kosmetikdienst hält mit seinem Spezialangebot jedem Vergleich stand, wir sind besonders stolz auf unsere konkurrenzlosen Sonderproduktionen ... ich bin in diesem Gebiet der einzige Vertreter, und eine Firma ähnlichen Namens ist mir nicht bekannt.«
Der junge Mann ließ den Blick von mir ab und sah auf seine weißen gepflegten Hände. »Schon gut«, sagte er, »mag sein, daß ich mich irre, nur wie gesagt ... es waren die gleichen Artikel, vielleicht ein bißchen anders verpackt. Und dann ... warten Sie mal, es war auch kein Doppelgänger, es war ... eine Frau.«
Ich war baff. Ich war es noch drei Straßenzüge weiter. Eine Frau mit ähnlichen Artikeln? Wer mochte das wohl sein? Eine neue Firma ... und dann in meinem Revier ... Seltsam berührt ging ich weiter. Wie im Schlaf. Später aß ich irgendwo, saß nachdenklich herum, und am Nachmittag hatte ich mich so weit erholt, daß ich einen dritten Versuch zu starten wagte. Es ging genauso schief.
»Sie sind zu spät, mein Lieber, eine halbe Stunde zu spät! Gerade vorhin hätten Sie das Geschäft Ihres Lebens machen können, da haben wir all unsere Filialen für das restliche Jahr eingedeckt«, sagte der feiste, dicke Einkaufsleiter einer Ladenkette und blies mir den Qualm seiner Zigarre ins Gesicht. »So und jetzt muß ich Sie leider verabschieden, keine Zeit, wichtige Termine ...«
»Einen Moment«, bat ich, »nur eine Bitte: Können Sie mir verraten, bei *wem* Sie geordert haben?«
»Warum nicht«, sagte jovial der Dicke, »ist schließlich kein Geheimnis, warten Sie mal, ich hab' doch den Namen noch im Kopf, eine Frau war's ...«
»Eine Frau?«

»Ja, Nora soundso, ach ja: Nora A., Nora An ..., seltsamer Name, was ausländisches, ich komme nicht drauf, jedenfalls eine Frau ...«
Ich schluckte, mir wurde schwindelig, wie betäubt verließ ich das Büro. Was ging hier eigentlich vor? Spielte mir jemand einen üblen Streich? Wer war die geheimnisvolle Doppelgängerin, die ähnliche Artikel wie ich anbot und stets eine Nasenlänge vor mir am Ziel war?
Ich beschloß, für heute keine weiteren Kunden aufzusuchen, sondern vielmehr nachzudenken. Unstet strich ich durch die Stadt, vertrieb mir die Zeit bis es Abend war, und immer noch hatte ich keine Lösung gefunden. Spät dann nahm ich den Zug. Ein leeres Abteil, ruhig, genau richtig, um über alles, was heute geschehen war, nachzusinnen.
Am dunklen Abteilfenster huschten einzelne Lichter vorbei. Wenn man der Scheibe jedoch ein wenig näher kam, wirkte sie wie ein Spiegel. Wie ein Spiegel, der alle Dinge widerspiegelt, jedoch selbst klar und unberührbar bleibt ...
Ich sah mich selbst darin, meine Hand mit der Visitenkarte, sah, wie sie das Kärtchen näher an die Scheibe hielt und las meinen Namen, Aron Nygordna, las ihn aber spiegelverkehrt, und plötzlich fiel es mir wie Schuppen von den Augen: Aron ... Nora ... Nygordna ... Androgyn.
Langsam brachte ich mein Gesicht näher ans Glas. Und aus weiter Ferne, aus der Dunkelheit der Nacht, tauchte ein Frauenkopf vor mir auf. »Hallo Nora«, sagte ich leise und führte mein Gesicht noch näher. Ich stieß hart mit der Stirn an die Scheibe. Der Zug hielt. Wir waren am Heimatort angekommen.

Die Krebs-Symbolik

Im Tierkreiszeichen Krebs (22. Juni-22. Juli) offenbart sich wie bei keinem anderen sonst so deutlich die »Nachtseite« im Bewußtsein des Menschen: die Gefühle und Emotionen, Phantasien, Träume, Ängste und Sehnsüchte, kurzum – das sogenannte Unbewußte der menschlichen Psyche. Für dieses Prinzip, das sowohl ganzheitlich wie endlos verflochten, das zeitlos aber rhythmisch ist, steht stellvertretend als beeinflussender Planet der Mond, besser die »Mondin« – denn der Mond wurde in fast allen, uns überlieferten, Religionen der Menschheit als weiblich gedacht.

Es ist bekannt, wie stark sich die Kraft des Mondes auf das Wasser auswirkt und in den Weltmeeren Ebbe und Flut, die Gezeiten, auslöst. Auch der Mensch besteht zu einem Großteil aus Wasser und spürt den Einfluß des Mondes auf seine Psyche. Es gibt Schlafwandler und ausgesprochene »Mondsüchtige«, bis hin zu jenen Grenzwesen, die zumindest im Märchen bei Vollmond ihre Gestalt verändern (angefangen vom Werwolf bis hin zu R. L. Stevensons »Dr. Jekyll and Mr. Hyde«).

Frauen scheinen die Wirkung des Mondes besonders zu spüren – der weibliche Zyklus kann parallel zu den Mondphasen verlaufen (und tat dies früher, als es noch echte dunkle Nächte ohne Kunstlicht gab, wohl in der Regel auch), worin die Grundlage einer natürlichen Geburtenkontrolle beruhte.

In der Symbolik der frühen Völker und in C. G. Jungs Archetypik werden daher Frau, Nacht, schwarz, passiv, Mond, silber, zyklisch und Wasser assoziativ in Zusammenhang gebracht. All diese Vorstellungsbilder äußern sich ausgeprägt im Tierkreiszeichen Krebs, bestimmen weitgehend Gefühl und Handlung bei ihm.

Der Krebs ist ein »nächtlicher Sammler«. Dies kann im konkret materiellen Sinne verstanden werden (Reichtümer, Schätze, Juwelen), gilt aber mehr noch im seelisch-emotionalen Bereich: Wenn es dem Krebs gelingt, bei seinen Streifzügen durch die Nachtseite des Bewußtseins, im Dunkelbereich der Träume und Visionen also, seine echten inneren Werte (Perlen) zu entdecken, so findet er dort die Chance zu grundlegender, individueller Transformation. Gelingt es ihm nicht, diesen persönlichen Wertwandel einzuleiten, so wird er weiterhin im Bannkreis der uralten Mythen und Mysterien verhaftet bleiben, ohne sie deuten zu können. Die Angst vor dem großen Wasser, der Sintflut, ist nur ein Beispiel dafür ...

Der Krebs-Traum

Ich träumte, ich säße bei Vollmond in dunklen Dünen und spähte aufs Meer hinaus: Hier war mein Lieblingsplatz und dies meine Zeit – die silberne Stunde zwischen Elf und Mitternacht. Besonders in diesen stillen, einsamen Nächten, wo sich der Wind wie eine warme, zweite Haut um den Körper schmiegt, das Wispern des trockenen Strandhafers sich mit der großen alten Stimme des Meeres mischt, dessen Kind ich war, Mundi, die Tochter von Mara und Jonas, dem Fischer. Ich wußte, daß andere Kinder längst schliefen um diese Zeit; lagen behütet in ihren Katen, kamen erst gegen Morgen, um Muscheln zu sammeln, glitzernde Steine, die nur im Wasser funkeln und ihren Glanz in der Sonne verlieren.
Ihnen allen hatte ich diese Stunde voraus, meine geheime Zwiesprache mit dem Mond, den Wellen, den wenigen nächtlichen Vögeln, die wie schwarze Segel über den Rand der Küste strichen. Niemand außer den Felsen, der schäumenden Brandung rings um die Klippen wußte, daß ich hier saß und wartete, ausharrte mit dem Atem der Tide, fühlte, wie sich der riesige Leib des Ozeans bewegte, langsam zurückzog, fernen Gestaden zu und hier zu meinen Füßen Inseln freigab, feuchte Sandzungen, Priele im Watt. Und ich fühlte, wie das Meer mich mitzog, weiter hinaus,

kräuselnde Unendlichkeiten. Gern folgte ich seinem Sog, setzte die nackten Füße in zuvor unberührte Zonen der Feuchtigkeit. Ja, ich kannte jeden Schritt, wußte wo Schlick war, wich glitschigen Molen aus, schwebte traumwandlerisch sicher den kühlen Saum entlang, den das Meer freigegeben hatte, der größer und größer wurde, als die See verschwand und ihre Gaben anbot: feuchte Dinge, tellergroße Quallen wie milchige Sterne, Knoten und Schnüre würzigen Tangs, der von sterbenden Muscheln besetzt war, schwarze, undefinierbare Gebilde, die nach Salz rochen und bereits ein wenig nach Verwesung, von Schaum umspült, knisternde, leise zerprasselnde Krönchen und hier und da ein erschöpfter Seestern.
Und dann das Strandgut, die kostbarste Beute. Zersplittertes Holz, rundgewaschene Planken mit seltsamen Zeichen darauf, unverständlich gewordene Botschaften, die bald irgendwo zwischen den Steinen verwittern würden, mürbe, ausgebleicht, mit weißem Salz überzogen und später fahl und spröde. Aber auch Gegenstände, Reste von Gegenständen, Torsi, verlorene Rudimente ferner Kulturen. Und manchmal auch etwas Kostbares, echte Schätze, die nur für mich bestimmt waren, für mich allein, für Mundi, die Sammlerin, und niemand anderem sonst. Das Meer gab und ich nahm, denn es war für mich da. Ich folgte der ausgelegten Spur, den Kopf zum Boden gebeugt mit suchenden Augen, denen nichts entging, keine winzige Kleinigkeit. Und irgendwo, das wußte ich, würde es auch eine Perle geben oder eine Flasche mit wichtiger Nachricht darin oder eine Kiste, ein kostbares Schatzkästlein aus zerborstenem Schiffsleib, ein Geschenk, das mir zu Füßen stranden würde. So zog ich sammelnd durchs Watt, prüfte, sortierte, nahm

das in meine Schürze auf, was ich für wertvoll genug hielt, um mitgenommen zu werden. Und später, am Ausgangspunkt meines Streifzuges zurückgekehrt, lud ich es in den Dünen ab, um es im Schein des Mondes ausgiebig zu betrachten. Waren es andere Dinge als sonst? War es mehr und größer und wichtiger, als das, was ich bereits besaß? Die Auswahl war schwierig, aber gleichzeitig schön, so im Vollen, im Überfluß zu schwelgen, beiseitezulegen, das Nächste anzuschauen, wieder und wieder wendend in die Hand zu nehmen und zu vergleichen.

Zum Schluß entschied ich mich, wie meistens, daß alles es wert war, aufgehoben zu werden. Dann grub ich mit bloßen Händen Sand vom Eingang meines Versteckes frei, eine Höhle in den Dünen verborgen, die nur ich kannte, in die ich sorgsam meine Schätze verstaute.

Und wieder – oder war es noch immer – saß ich in meiner Mulde, dem Dünenausblick, und spähte aufs Meer hinaus. Wann würde es zurückkommen? War es nicht so, wie es früher schon einmal gewesen sein sollte, daß es ein verirrtes Schiff mit sich brachte, eines, dessen Segel zerfetzt und die Ruder zerbrochen, hilflos als Spielball der Wellen auf die berüchtigten Klippen zutrieb und zerbarst im Taumel der gierigen Brandung? Selten dachte ich dabei an Menschen. Nein, keine Körper, Gegenstände verlassener Schiffe waren es, die mir die Phantasie durch die Dünung zutrieb. Schiffe, auf denen gemeutert worden war, die die Besatzung voll Angst verlassen hatte, Geisterschiffe, gefüllt mit Gold und Silber im Leib ihrer Laderäume, so wie sie in den Sagen und Märchen beschrieben wurden, Schiffe, die zu einem vom Schicksal erwählten Menschen an eine bestimmte Küste getrie-

ben wurden, um dort, vor meinen Füßen zu stranden und erlöst zu werden vom Fluch, der auf ihnen lastete, befreit durch meinen schnellen, kühnen Zugriff. O ja, mochte es kommen, dieses eine Schiff, auf das ich schon so lange sehnsüchtig wartete, mochte es zerbersten, zerplatzen, zerschellen vor mir an diesen Klippen und seine Waren an diesen Strand vor meine Füße spülen. O ja, mochte es kommen, ich war bereit. Ich war anders als die Eltern, als meine Familie, die arm von der Hand in den Mund lebte, ich wünschte mir nicht, daß mein Unterhalt regelmäßig und berechenbar zu mir kam. Nein, es mußte etwas Plötzliches sein, etwas ganz und gar Großes, Unerwartetes. Aber dann, wenn es eingetreten war, würde ich zupacken ohne zu zögern, meine Schätze verstecken und niemandem zeigen und auch nicht darüber sprechen, so wahr ich Mundi hieß.
Wie aber, wenn es ein Tanker wäre, einer von denen, die Öl in sich bergen und nächtens im Nebel vertrieben aufs Riff laufen und auseinanderbrechen, wie die Leute von fernen Küsten erzählten, wo solches geschehen war? Dann kämen statt der Schätze der Tod wie ein stinkender Teppich über alles, was lebte, im Meer und darauf und an seinem Rande. Dann wäre mein Strand zerstört und mein Sammeln ohne Zukunft, dann wäre mein Traum für immer vernichtet. Nein, ein solches Schiff durfte nicht kommen, das war für andere bestimmt. Für mich gab es jene Schiffe, die für mich auserkoren waren, die satten, gefüllten, die darauf warteten, von Mundi in Empfang genommen zu werden.
Das runde Gesicht des Mondes war inzwischen über den Horizont hinweg gewandert. Nun fiel sein Licht schräg auf die Wellen und tauchte sie in kaltes, silber-

nes Feuer. Das Meer trug ein glitzerndes Kleid und auf den Wogen ritten tanzende Schemen gegen das Ufer. Mich fröstelte. Es war spät geworden, jedoch früh für den Tag, von Osten klarte es auf, nicht lange, dann würde die Sonne den Vorhang der Nacht zerreißen.
Eigentlich mußte ich schon längst zu Hause sein, bevor Vater vom Fang zurückkam, müde das Boot zum kleinen Hafen steuernd, wo Mutter im Morgengrauen mit den anderen Frauen an der Mole stand, um die Netze auszulegen und die Kästen mit den Fischen auf die Karren zu verstauen. Vielleicht würde ich auch dorthin laufen, um dabeizusein, wie die größeren Kinder, die früh aufstanden, um den Fang frisch auf den Markt zu bringen. Aber das ging nicht, sie würden bemerken, daß ich wieder nicht geschlafen hatte, würden spotten über mein bleiches Gesicht und die Ringe unter meinen Augen, die allzu deutlich meine nächtlichen Streifzüge verrieten. Nein, besser war es, jetzt noch einmal den Sand vor meiner Schatzkammer zu glätten, die letzten Spuren zu beseitigen und heim zur Kate zu laufen, in mein warmes, sicheres Bett.
Ich rannte den Weg durch die Dünen zurück, an den Klippen vorbei, am steinigen Meersaum entlang, dem Deich, dem Dorf, der Kate zu. Es dämmerte immer mehr, ich mußte mich beeilen.
Unterwegs sah ich dort, wo der Landungssteg war, im kleinen Zollhaus Licht und die beiden Zöllner, den alten und den jungen, auf der Brücke stehen. Der eine deutete mit dem Arm auf das Meer hinaus und der andere hob das Fernglas und blickte lange in die gewiesene Richtung. Als er das Fernglas sinken ließ, schüttelte er den Kopf und der andere nahm jetzt seinerseits das Glas und blickte hindurch. Es schien, als suchte er nach etwas Bestimmten in der diffusen grauen Zone

zwischen Himmel und Meer. Hatten sie ein Schiff erspäht, mein Geisterschiff vielleicht, meine schatzbeladene Brigg?
Nein, das war die falsche Zeit, ein solches Unglück durfte sich nicht vor aller Augen vollziehen, es mußte früher geschehen und beinahe unbemerkt und außerdem nicht hier, so dicht am Dorf.
Nun schüttelte auch der andere Zöllner seinen Kopf. Eine Weile standen sie noch zusammen auf der Brücke und sprachen miteinander. Doch es war zu weit weg, um etwas davon zu verstehen. Schließlich gingen sie ins Haus zurück.
Ich rannte los, erreichte atemlos unsere Kate, schlüpfte ins Bett, unter die Decke. Die jüngeren Geschwister schliefen noch. Und auch ich schlief sofort ein, als ich die Augen geschlossen hatte. Wohlig warme Dunkelheit umhüllte mich. Fern raschelten Mäuse im Reed unter dem Dach, Wind pfiff singend ums Haus und all diese Geräusche fügten sich mit dem dunklen Rauschen der Brandung zu einer Melodie, die in meine Träume hinein folgte. Es war die Musik meines Blutes.
Im Traum aber saß ich wieder in den Dünen und spielte mit meinem Besitz. Ein erstaunlich gut erhaltener Rettungsring war mir diesmal in die Hände geraten, noch nicht so vollgesogen und brüchig wie der vom letzten Jahr, nein richtig frisch gestrichen, rot und weiß und auch die Beschriftung war noch leserlich. »MS Lunatico« stand da in fetten, schwarzen Lettern, ein schöner Ring; obgleich mir ein Geschmeide aus Gold und edlen Perlen lieber gewesen wäre. Aber trotzdem. Ich schlüpfte hinein und hielt ihn mir um die Brust. In diesem Moment fiel ein mächtiger Schatten auf mich. Als ich aufsah, stockte

mir der Atem: Das Meer war nicht mehr flach wie sonst, sondern stand senkrecht wie eine Wand. Und diese riesengroße Wand aus Wasser raste unaufhaltsam auf mich zu. Ich schrie und klammerte mich fest am Ring. Dann brach die Dunkelheit über mir zusammen.

Die Löwe-Symbolik

Im Tierkreiszeichen Löwe (23. Juli-22. August) drückt sich der Sommer mit all seinen Erscheinungsformen und Symbolen aus: Sonne und Wärme, strahlender Glanz und im übertragenen Sinne auch Macht und Herrschaft, Krone und Reichtum. Die Symbolfarben sind Gelb, Orange und Gold, die Zeit der Zenith, d. h. die Mitte des Jahres, der Mittag des Tages.
Als Haupteigenschaften des Löwen werden Vitalität, Durchsetzungsvermögen und Geltungsbedürfnis genannt. Da dreht sich sein Streben also fast zwangsläufig um Kampf, Sieg und Triumph. Und so wird er in der Symbolsprache der alten (und neuen) Kulturen auch gesehen: als stolzes Wappentier, als Sinnbild für Kraft und Mut, als König der Tiere und Menschen.
Er ist ein Feuerzeichen wie der Widder, aber im Unterschied zu diesem unerschrocken voranstürmenden Helden, ist für den Löwen das Erringen der Macht nicht unbedingt das Problem, sondern sehr oft der richtige Umgang damit. Als Träger der Macht muß er zum einen jeden (seiner Meinung nach) unberechtigten Anspruch zurückweisen (eine Frage von Recht und Gerechtigkeit), zum anderen sich davor hüten, seine siegreiche, unangefochtene Position allzu hemmungslos auszudehnen (eine Frage des Umgangs mit der Macht, von Mißbrauch und Tyrannei). Das zwingt

zu Balance und Verantwortung – das größte Problem für den Löwemenschen – der, wie jeder Sonnenanbeter, eigentlich ja bloß behaglich wohlige Ruhe, sinnlichen Genuß und die sonnigen Ewigkeiten des Glücks anstrebt. An dieser Stelle sei auf die besondere Systematik des Zodiak hingewiesen. Die 12 Tierkreiszeichen werden im Sinne der klassischen griechischen Auffassung von den Elementen in vier Gruppen aufgeteilt: in die Feuerzeichen Widder, Löwe und Schütze, die Wasserzeichen Krebs, Skorpion und Fische, die Erdzeichen Stier, Jungfrau und Steinbock und die Luftzeichen Zwillinge, Waage und Wassermann.

In der chinesischen Vorstellungswelt verbindet das fünfte Grundelement Holz, die Verkörperung von Leben und Wachstum, all diese Zeichen und verleiht ihnen die Kraft zu innerer Reife und Wandlung. Unter »Transformation« können wir so das Emporwachsen des menschlichen Geistes und der Psyche aus der undeutlichen, grob materiellen Welt in die Klarheit und Transparenz des Bewußtseins verstehen.

Der dabei zu beschreitende Weg (chin. Tao) führt über die Irrtümer der Vorprogrammierung (Karma) durch aufgeklärte, selbstbestimmte Taten (Dscharma) zur Wirklichkeit in der Alleinheit aller Dinge: Atman. (Die letzten drei Begriffe stammen aus dem indischen Buddhismus).

Auf das Tierkreiszeichen Löwe bezogen, bedeutet dies: Er muß sich durch Taten beweisen und dabei sein inneres Gleichgewicht finden. Ein Zuviel an Wollen und Handlung wird ihn immer wieder mit der Machtfrage verstricken. Erst im bewußten Nicht-Tun liegt für ihn die wirkliche Kraft verborgen.

Der Löwe-Traum

Ich träumte, ich würde gegen Mittag die Hauptstadt erreichen: Strahlend brannte die Sonne, hatte mich durchglüht, und die Stadt lag mir zu Füßen wie eine kühle, saftige Oase. Es war ein wunderbarer Anblick, besonders, wenn man, wie ich zuvor, stundenlang durch die Glut der Steppe geritten war. Das war sie, Traxos, die Herrliche, die Vielbesungene, das Herz des Reiches Aragorn.

Welchen Empfang würde sie mir bereiten? Waren mir zu Ehren die Straßen geflaggt, würden mir die Blicke der Jungfrauen folgen, wenn ich zur Burg ritt, stolz und aufrecht im Sattel, den Schlüssel zu fordern? Nein, es schien nicht so. Nichts deutete darauf hin, daß mein Nahen gemeldet worden war. In den Straßen herrschte geschäftiges Treiben, wie immer wohl, schmucke Patrizierhäuser sah ich und auch, daß die Leute wohlhabend gekleidet umhergingen mit erhobenem Haupt und offenem Blick. Kein Anzeichen, nicht die Andeutung einer Ahnung davon, daß schwer ein Fluch über Traxos lastete, wie es geheißen hatte. Spürten die Menschen nicht die Last des Tyrannen, litten sie nicht unter der Schmach, einem fremden Vasallen, einem Emporkömmling aus der Steppe, der vor Jahren tückisch die Macht an sich gerissen hatte, dienen zu müssen?

So oder ähnlich dachte ich, als ich mein staubbedecktes Pferd den Hang hinauf zum Burgtor führte. Die Festung lag ideal und uneinnehmbar über der Stadt. Der einzige Zugang führte über eine schwerbewachte Brücke und ringsum fielen die Felsen schroff in tiefe Wallgräben hinein, die ihrerseits keineswegs martialisch wirkten, sondern mit Blumen, Bäumen und jubilierenden Vogelstimmen angefüllt waren, und wenn man sich über die Brüstung beugte, konnte man unten die Bürger der Stadt flanieren sehen. So füllten sich meine Sinne voll Freude, als ich der kommenden Dinge gedachte. Vor dem Burgtor aber trat mir ein grimmiger Wächter mit blankem Schwert in den Weg.
»Wer seid Ihr, Fremdling?« rief er.
»Alexander, der gekommen ist, diese Stadt und das ganze Land von der Knechtschaft zu befreien«, sagte ich kühn. Der Wächter grinste hämisch. »Und wo ist Euer Gefolge?« fragte er, »Oder habt Ihr vor, den hohen Herren von Traxos ganz allein, ohne Heer, zu vertreiben?«
»Ganz recht«, gab ich zur Antwort, »getreu meinem Motto: ›Der stolze Adler zieht allein die Kreise, die Krähen find' man scharenweise‹, ziehe ich es vor, allein in den Kampf zu ziehen und wie Ihr seht, bin ich bislang recht gut damit gefahren.«
»Dann dürftet Ihr hier endlich euren Meister gefunden haben«, sagte der freche Kerl und winkte die Schildwache herbei.
Meiner Vorsehung gemäß blieb ich ruhig im Sattel sitzen und zuckte nicht mit der Wimper. Allerdings wurde die Situation allmählich bedrohlich. Schon umzingelten mich mehr als zwanzig bis an die Zähne bewaffnete Männer und hielten ihre Lanzen auf mich gerichtet. Außerdem hatte sich ringsum einiges Volk

angesammelt, das gaffend stehenblieb und Kommentare abgab. An sie richtete ich nun meine Ansprache: »Volk von Traxos, die Stunde der Befreiung ist gekommen, denn ich, Alexander von Hohenburg und Sonnenstein, bin zu euch geeilt, um euch aus der Tyrannei eines hergelaufenen Usurpators zu retten. Merkt euch das heutige Datum genau, denn hinfort soll dieser Tag allgemein als ›Tag der Befreiung‹ in die Geschichte eingehen und gebührend gefeiert werden!«

Ein dicker Kaufmann deutete mit dem Finger auf mich und rief: »Der Kerl ist verrückt! Er ist allein, ohne Heer und zudem schon gefangen, die Sonne der Steppe hat ihm die Sinne verwirrt!« Und viele lachten. Der bärbeißige Wächter aber lachte nicht, vielmehr trat er respektvoll einen Schritt zur Seite, denn eben war aus dem Schatten des Tores ein dürres, schwarzhaariges Wesen getreten. Obgleich es nicht einmal in Purpur gekleidet war, erkannte ich sofort, daß dies nur Sutur von Traxos, der Tyrann persönlich, sein konnte. Seine flinken, ein wenig verschlagenen Augen musterten mich spöttisch.

»Seid mir gegrüßt, Alexander von Hohenburg und Sonnenstein«, rief er und machte eine solch übertriebene Gestik dabei, daß alles ringsum erneut in Lachen ausbrach. »Ich habe bereits viel von euch gehört, ein stolzer Ritter seid ihr, einer, dem wahrlich die Herrschaft über solch schöne Städte wie diese hier gebührt. Doch da ich zur Stunde immer noch König von Traxos bin, gestattet mir, euch als Gast in meinen Mauern zu begrüßen. Und erscheint mir derzeit ein Kampf auch wenig erfolgversprechend für euch zu sein, so will ich gerne mit euch bei einem Glas Wein über die Übergabe der Stadt verhandeln.«

So sprach er. Das Volk aber staunte über die jähe Wende, manche standen mit offenem Maule da und mehr als einer kratzte sich verwirrt am Kopf. Die Soldaten aber ließen die Lanzen sinken und halfen mir, auf Wink ihres Königs, aus dem Sattel. Ich freute mich, denn wieder einmal war mir mein Glück zu Hilfe gekommen, und selbst, wenn das Ganze nur eine List, eine Falle war, mich in die Burg zu locken, so vertraute ich doch darauf, daß mir die Gunst des Schicksals auch noch ein weiteres Mal beistehen würde, mochte geschehen was wolle.

Sutur von Traxos erwies sich, vorerst, als nobler Gastgeber. Ganz gewiß nahm er die Sache als einen willkommenen Zeitvertreib und mich und meine aufrührerischen Reden nicht sonderlich ernst. Er sollte es schon noch zu spüren bekommen, schwor ich mir innerlich. Und dem Volk in seiner Verblendung würde das blöde Lachen noch vergehen. Ich hatte keineswegs vor, mich lange mit der Vorbereitung und Anzettelung einer Revolution abzugeben; Bürgerkriege sind meistens blutig und dauern zu lange. Nein, das war nicht meine Art. Ein schneller Sieg, aus der Überraschung des Augenblicks geboren, war weitaus mehr nach meinem Geschmack.

So folgte ich furchtlos dem Tyrannen in seinen Palast. Und dort, als wir im Thronsaal gemütlich beisammen saßen, geschah tatsächlich etwas überaus Sonderbares: Sutur lud mich zu einem Picknick in der Wüste ein. Nur wenige Leibgardisten würden uns begleiten, wir aber sollten außerhalb der Stadt nach Herzenslust des Weines und der Speisen frönen. Derweil aber, so bot er mir an, sollte ein Spiel stattfinden, ein wahrhaft königliches Spiel, wie es sich der außergewöhnlichen Situation entsprechend gezieme – eine Schachpartie.

Dem Gewinner dieses Spiels sollte als Preis die Stadt samt Burg und Throne winken.
Zuerst war ich von dem Ansinnen überrascht. Dann aber fiel mir ein, daß ich schon häufig und selbst in entlegenen Provinzen Erstaunliches über Suturs Strategie und Taktik hatte rühmen hören. Er galt als bisher ungeschlagener Meister im Schach. Und das war es auch, was ihn so sicher machte. Er glaubte, nichts zu riskieren, höchstens würde sein Ruhm noch weiter steigen, besonders dann, wenn ich, was mir im Fall der Niederlage winkte, freiwillig und auf Lebenszeit in einem eigens dafür geschaffenen Turmverlies der Burg verschwinden würde. Gewänne ich, so war es mir freigestellt, ob ich ihm das gleiche Schicksal angedeihen lassen wollte oder ihn ziehen lassen würde, zusammen mit den vielen anderen, die schon seit Jahren im Verliese schmachteten.
Gewiß, ein schwieriger Entschluß von einiger Tragweite. Da ich aber bereits zwei Becher Wein geleert hatte und überhaupt ein Freund von Risiken bin, willigte ich nach kurzem Nachdenken hitzig ein.
»Nun denn«, sagte Sutur von Traxos und rieb sich voll Vorfreude die Hände, »so mögen die Götter entscheiden, wähle, o Fremder, die Farbe.«
Mit geschlossenen Augen griff ich zu und hielt eine weiße Figur in der Hand. Das Spiel begann. Zuerst griff ich heftig an, führte eine spanische Eröffnung und drängte dem Gegner meine Bauern, Reiter und Läufer tief ins Fleisch. Dann aber merkte ich, daß der alte Fuchs verschiedene Fallen aufgestellt hatte. Ich trank jetzt keinen Wein mehr und konzentrierte mich aufs Spiel. Mit ungeheurer Aufbietung aller Geisteskraft gelang es mir gerade noch, dem völligen Fiasko zu entgehen. Suturs feistes Grinsen begann mich in

Wut zu versetzen. Warte nur, du Halunke, dir werde ich's zeigen! schwor ich mir. Und begann einen strategischen Feldzug, dessen kühle Berechnung selbst mich überraschte.
Suturs Grinsen welkte dahin.
Nun ließen die Leibgardisten ihre Waffen liegen und rückten näher an das Spielbrett heran. Alle Augen richteten sich auf das Geschehen auf den vierundsechzig Feldern. Sutur und ich, wir hatten aufgehört, einfache Feinde zu sein. Hier saßen zwei Könige, die um mehr als eine Stadt spielten, hier ging es um alles oder nichts, um die gesamte Existenz.
Der Anführer der Garde und einige ältere Offiziere begannen zu schwitzen, als ich kurz nach der Rochade und drei chaotisch anmutenden Zügen plötzlich die gegnerische Dame bedrängte und den schwarzen König zum Rückzug zwang. Neugierige Blicke streiften mich. Sah ich schon aus wie der neue Herrscher der Stadt? Da opferte Sutur in schneller Folge einen Läufer, zwei Bauern und einen Springer, und es machte den Eindruck als würde es so weiter gehen, denn die Figuren purzelten wie Kegel dahin. Dann aber stieß er aus der Defensive vor, holte zu einem verwegenen Zug aus, den ich niemals vermutet hätte, ja plötzlich bedrängte er mich sogar. Das Blatt begann sich zu wenden.
Die Soldaten rutschten unruhig auf ihren Sitzen umher. Fast hatte es den Anschein gehabt, sie hätten sich bereits damit abgefunden, in mir ihren neuen Herren zu sehen. Und nun war jählings wieder alles verändert. »Sei's drum«, rief ich aus, »was auch geschehe, so soll mich auch weiterhin das ›Prinzip der gesteuerten Torheit‹ vor allen Fährnissen schützen!« und machte einen völlig abartig verwegenen Zug.

Sutur sah mich völlig verblüfft an, dann auf das Brett; aus seinem Antlitz war alles Blut gewichen. Wie eine Wachspuppe saß er mir gegenüber im Sand. Das Schönste dabei war, ich wußte eigentlich selber nicht genau, was da passiert war. Ich spürte nur, daß sich meine Hand magisch angezogen auf das Spielfeld zubewegte. Was tat ich da? Meine Finger ergriffen den Turm. Ich nahm ihn hoch und führte ihn mir dicht vor Augen. War das nicht der eine mächtige Eckturm der Burg? Ja, er war es, ein getreues Ebenbild in Miniatur.
Überhaupt wirkten die Figuren plötzlich äußerst lebendig. Bauern standen abwartend auf dem gekachelten Marktplatz herum. Ein Ritter hoch zu Roß scheute, weil ein schlanker, sehniger Läufer überraschend von seitwärts seinen Weg gekreuzt hatte. Die Dame in der Ecke wirkte verängstigt, weinte, preßte nervös ihr Taschentuch vor den Mund. Und der hart attackierte König war Sutur von Traxos persönlich, blaß und bleich trotz seiner schwarzen Haare und des dunklen Umhangs.
Der Turm aber erst, den sah ich mir genauer an. Gab es da nicht am Sockel ein Verlies mit vergitterten Fenstern? Reckten sich nicht aus ihm Hände ans Licht? Flehten sie, winkten sie mir zu oder schworen sie Rache, Rache jedem Herren der Stadt, gleichgültig wie er auch heißen möge, auch mir, falls ich der nächste sein würde? Ich überlegte: Müßte nicht auch ich – aus Sicherheitsgründen – das Verlies beibehalten, vielleicht sogar zusätzlich füllen, zum Beispiel mit Personen wie Sutur? Hatte ich überhaupt eine freie Wahl?
Dies alles war nur eine kurze Vision. Dann wurde mein Blick wieder klar. Messerscharf erkannte ich

meine Chance. Ich zog den Turm bis direkt vor den dunklen König. Matt. Ich hatte gewonnen. Sutur schwankte, taumelte und stürzte unaufhaltsam in den Schatten des Turms.

Die Jungfrau-Symbolik

Die Jungfrau (23. August-23. September) wird in der Astrologie als weiblich-passives Zeichen betrachtet sowie dem Merkur (dem Planeten der unternehmungslustigen, gesprächs- und verhandlungsgeschickten Kaufleute) und dem 6. Haus zugerechnet. Die sogenannten »Häuser« symbolisierten die Erlebnis- und Erfahrungszonen, in denen sich die jeweiligen Grundtendenzen, Talente und Anlagen eines Menschen entfalten können. Hier, bei der Jungfrau, handelt es sich um die Fragen von Gesundheit bzw. Krankheit und die Schwierigkeiten der Lebensbewältigung.

In fast allen Kulturen und Religionen der Menschheit befaßten sich heilige Jungfrauen als Priesterinnen, Wahrsagerinnen, Heilfrauen und Hexen mit dem körperlichen und psychisch-seelischen Zustand der Menschen. Sie versuchten mit der Deutung des Tempelschlaf-Traums, mit Orakeln und Horoskopen (von hora = Stunde und skopein = blicken, also »in die Stunde blicken«) den richtigen Zeitpunkt für eine beabsichtigte Handlung, die Zukunft, kurzum das Schicksal der Menschen zu ergründen.

Aber mehr noch: auch die Heilkunde ruhte in ihren Händen, das uralte Geheimwissen um die medizinische Wirkung aller natürlichen Stoffe, die uns umge-

ben. Und »rein« waren sie, weil sie sich dem biophilen Prinzip der Lebenserhaltung, dem Heilen, Pflegen und Wieder-Zusammenfügen verschrieben hatten. Aus diesem Grund wurden sie im Märchen auch immer wieder vom bösen Prinzip (Drachen, Ungeheuer, Dämonen und Teufel) entführt und mußten von unerschrockenen Prinzen unter Lebensgefahr aus den Klauen der schwarzen Mächte befreit werden.
Im »finsteren« Mittelalter fielen sie allerdings dem sinnes- und sexualfeindlichen, sadistischen Massenwahn ihrer angeblichen Befreier zum Opfer: die Hexenverbrennungen legen dafür ein grausames Zeugnis ab. Antifeministischer Terror versuchte das alte Heilwissen endgültig auszurotten. Es bleibt zu hoffen, daß dies nicht restlos gelungen ist.
Die Jungfrau als selbstlose, sich aufopfernde Helferin, die Krankenschwester im Dienste der Menschlichkeit, ist stets ihrem persönlichen Untergang nah, wenn sie sich restlos in Abhängigkeit begibt, vor allem im Dienste ihr angeblich überlegenen Herren. Ihre Transformation beruht darin, daß sie sich selbstbewußt der ihr innewohnenden, eigenen Kräfte (und die gibt es reichlich) erinnert und daraus ihre Handlungen ableitet. Der Natur mächtig dienend und dienend die Mächte der Natur zu nutzen, sollte ihr Leitmotiv sein.

Der Jungfrau-Traum

Ich träumte, ich zöge fröhlich zum Markt: Schon früh, als die ersten Singvögel ihr jubilierendes Lied anstimmten, hatte ich im Garten und am nahen Waldrand Heilkräuter gesammelt. Viele Pflanzen kann man sammeln, trocknen und aufbewahren, aber manche erfordern eine besondere Zeremonie dabei – man darf sie nur zu bestimmten Zeiten pflükken, bei einigen muß man die Wurzeln ausgraben, bei anderen sind die Blätter, die Blüten, die Stiele wichtig. Auch muß man sorgfältig überlegen, wo man sie pflückt, sie fragen, ob sie bereit dazu sind, mit ihrer verborgenen Kraft dem Menschen zu helfen, und vor allem darf man nie zu viele von einer Sorte nehmen, gerade nur die Menge, die gebraucht wird, denn keine Pflanze sollte unnütz und sinnlos sterben.

So hatte ich die frühen Stunden des Tages zugebracht, war an den Rändern reifer Kornfelder gegangen, hatte meine Freunde, die Tiere, begrüßt und der großen Fruchtbarkeitsgöttin gedankt, daß sie auch dieses Jahr wieder alles so trefflich hatte gedeihen lassen. Dann hatte ich meine duftenden Gaben in Körbe und Schachteln gepackt und den Esel beladen. Singend ritt ich zur Stadt, denn es war Mittwoch, und jeden Mittwoch ist Markt in der Stadt.

Unterwegs traf ich Bauern, rief ihnen einen Morgengruß zu, auch Zigeuner sah ich, einen ganzen Zug mit bunt bemalten, rumpelnden Wagen, zottigen Pferdchen, ausgelassen herumtollenden braunen Kindern, und Gaukler, die sich auf ihren Auftritt vorbereiteten. Am Abend würde ein Fest in der Stadt sein, ein richtiges Fest mit Tänzerinnen, Seilakrobaten und einem zahmen Bären, der erstaunliche Kunststücke vorführen sollte.

Dann traf ich am Stadttor ein, wo die beiden Wächter mir zuwinkten, und einem, dem älteren, von dem ich wußte, daß ihn, besonders nachts, trockener Kitzelhusten plagte, reichte ich ein frischgebrochenes Zweiglein Kirschlorbeer. Er freute sich, dankte mir und wollte schon seine Geldbörse zücken, doch da sagte ich nein, denn es war ein Geschenk von mir und Geschenke kann man nun einmal nicht bezahlen.

So zog ich weiter zum Platz, wo die Händler bereits ihre Buden aufgeschlagen hatten, Marktfrauen Kartoffelsäcke schleppten, Äpfel, Salat und Gemüse auslegten, Eier, Butter und Käse auf ihre Standtische luden, um sie dem kauflustigen Volke anzubieten. Neben mir sortierte Clematis, die Landfrau, die ich insgeheim »die aufrechte Waldrebe« nannte, mit roten Apfelbäckchen und glänzenden Äuglein ihr Obst, und auf der anderen Seite saß Hod, der schweigsame Einsiedler mit dem Rauschebart und bot seinen Waldhonig feil.

Nun hatte auch ich zu tun, mußte Kisten, Körbe und Schachteln öffnen, getrocknete Kräuterbündel zu Tee zerbröseln und in Tüten füllen, und verstreute so um mich herum eine aromatische Wolke aus vielerlei Düften, die die Bürger anlockte, sie stocken ließ in ihrem Lauf, und gar mancher, der eigentlich nach Erdbeeren, Milch oder einem neuen Herdkessel Ausschau hielt, blieb stehen, blähte witternd die Nasenflügel, erstaunt über die sonderbaren, fremden Gerüche und näherte sich meinem Stand.

Manchmal fragte auch einer, was denn wohl dieses oder jenes meiner angebotenen Waren sei, was es bewirke und auch sonst dergleichen mehr, und immer gab ich bereitwillig Auskunft. Mehr noch als dies aber interessierte es mich, die Leute zu beobachten. Was kann man nicht alles an ihrem Äußeren lesen, wobei ich jetzt keineswegs nur die Kleidung meine, die oft eine Tarnung sein kann, eine Verkleidung, mit der man verbergen will, was eigentlich unter ihr steckt – nein wichtiger ist mir die ganze Gestalt, der Gang, die Art der Bewegung, wie einer blickt, was seine Augen und seine Stimme verraten, die Farbe seiner Haut, die Falten und Linien im Gesicht. Denn da kann der, der zu beobachten versteht, alles ablesen, wie in einem offenen Buch: Ob jemand von Herzen froh ist, ob ihn ein stilles Leiden drückt, eine verdrängte Sorge, über die er sich von selbst nicht äußern will. All dies zeigt der Mensch wie ein wandelndes Bilderbuch seiner Umwelt und viele Gestalten und Formen fordern direkt zur Frage heraus: Sag an, Freund, wie steht es mit deiner Verdauung, ernährst du dich richtig, tust du genug, um dein Blut rein zu halten, deinen Geist klar, dein Gemüt geordnet und sauber, sprich, warum vernachlässigst du auf solch sträfliche Weise deinen Körper, liebst du dich nicht? Denn alles gehört zusammen, Körper und Geist, Seele, Denken und Handeln. Und wie kann einer vorgeben, andere zu lieben, wenn er sich selber nicht mag? Gesundheit ist ein Ganzes und eigentlich der Normalzustand.

Stimmt etwas nicht davon, ein winziges Detail, so

gerät das Ganze aus dem Gleichgewicht und zeugt in der Folge vielfache Leiden an anderer Stelle.
Gerade weil ich so genau hinsah und alles über- und durchschaute, wußte ich meistens auch, noch bevor jemand den Mund auftat, was ihn bewegte, wo seine schwache Stelle, sein Leiden saß. Da gab es die rundlichen Leute mit den deutlich hervortretenden Venen an der Stirn – den sogenannten »Venenbäumchen« – die es an Leber und Galle hatten. Denen half Mariendistelöl, regte ihre müden Organe an und schonte die überreizten. Oder die Ärmsten, die unter Karbunkeln, Furunkeln und eitrigen Pickeln litten. Bei ihnen war das Blut nicht in Ordnung und Echinacea, die schmalblättrige Kegelblume, in destillierter, verdünnter Form, half ihnen mächtig, die körpereigene Abwehr zu stärken. Für andere, ältere Leute zumeist, denen man ansah, daß sie sich über Herzklopfen, Schwindel, Kurzatmigkeit, Unruhe und Schlaflosigkeit sorgten, war wiederum eine spezielle Arznei angebracht, die ich aus Weißdorn und Schlehdorn gewonnen hatte und ihnen in Fläschchen abgefüllt reichte.
Andere brauchten Spitzwegerich-Blätter und Schachtelhalm gegen Schmerzen, besonders der Zähne, und hatten darüber hinaus noch nie etwas davon vernommen, daß man Schmerzen auch durch einfaches Pressen des rechten oder linken kleinen Fingers abstellen konnte, wobei es darauf ankam, daß der Daumennagel der jeweiligen Hand genau in den inneren Nagelwinkel des kleinen Fingers drückte.
Wieder andere litten an Krampfadern und brauchten Arnika, Roßkastanien und virginische Zaubernüsse. Ich konnte mit Augentrost entzündete Bindehäute behandeln, andere verlangten nach Kamille, Rosmarin und Thymian zum Entkrampfen oder Anis zur Beruhi-

gung ihrer Nerven. Besonders die wohlhabenden Bürgerinnen schienen zunehmend an Ängsten bis hin zu Depressionen zu leiden, und ihnen gab ich das wunderbare Johanniskraut, das sich auch als Badezusatz hervorragend eignet, und gut für die Haut ist, besser als all die teuren Cremes und Gesichtsmasken, die neuerdings immer häufiger in Mode kamen.
Gegen Mittag trat ein hagerer Mann an meinen Stand, ein interessanter Fall, an dessem bleichen Gesicht ich sofort ablas, daß etwas mit seiner Darmflora nicht stimmte. »Junge Frau«, sagte er und quälte sich ein Lächeln ab, »seit Tagen wühlt es mich innerlich um, obgleich ich kaum etwas zu mir nehme, treibt es mich ununterbrochen zur Latrine, so daß ich bereits so entkräftet bin, daß ich glaube, demnächst sterben zu müssen.«
Nachdem ich mir seine Merkmale vorsorglich hatte beschreiben lassen, um auch ganz sicher zu sein, wußte ich genau, was ihm fehlte. »Guter Mann«, sagte ich, »ihr seid zur rechten Zeit gekommen. Ich gebe euch hier eines der besten Mittel, über das die Natur verfügt. ›Blutwurz‹, oder auch ›Tormentill‹ genannt, heißt das Pflänzlein, eine kleine, unscheinbare gelbe Blume mit vier Kronenblättern, die man nicht mit dem Nelkenwurz verwechseln darf, weil dieser fünf Blätter besitzt. Dieses Pflänzlein aus dem Gehölz des lichten Waldes nahe meiner Hütte, von mir kürzlich eigenhändig ausgegraben, birgt in sich alle Kraft, eure Beschwerden geschwind zu beenden. Jedoch ist es weder die Blüte noch der obere Pflanzenteil, der solches bewirkt, sondern die Wurzel, die blutet, wenn man sie ansticht, woher die Pflanze auch ihren Namen hat. Diese Wurzel, getrocknet, zerhackt und von mir im Mörser zu Bröseln zerstoßen, kocht

etwa fünfzehn Minuten ab, bis das Wasser sich blutrot zu färben beginnt. Dann trinkt schluckweise den Süd und wiederholt den Vorgang nochmals nach einer Stunde. Danach, so werdet ihr sehen, kommt Farbe in euer Gesicht zurück und Appetit in den Magen. Ich schwöre euch, heute abend bereits habt ihr die Qualen vergessen.«

Der Mann dankte erfreut und reichte mir einen Silbertaler. Den nahm ich ohne zu zögern an, denn was man freiwillig geboten bekommt, das soll man auch nehmen.

Nach ihm kam eine typische Lycopodium-Frau mit schlankem Oberkörper und ausladendem Unterbau. Mißmutig und mürrisch war sie, glaubte, den vielerlei Krankheiten heimgesucht zu werden, klagte über Kopfschmerzen, mangelhafte Verdauung, geblähten Bauch und Völlegefühl bereits nach wenigen Bissen. Ich fragte sie, ob es abends schlimmer würde und auch bei Kälte, und als sie nach kurzem Nachdenken bestätigte, bot ich ihr unter dem Siegel der Verschwiegenheit eine Flüssigkeit an, die aus den Sporen des Bärlapp bestand. Auch diese Arznei hatte ich selbst destilliert und verdünnt. Jedoch ist sie nicht dazu angetan, sofortige Wirkung zu zeigen. Vielmehr muß man eine Kur damit machen, die Geduld verlangt, denn erst allmählich, so wie die Schäden langsam entstanden sind, kehrt die Heilkraft der Pflanze sie um. Ein chronischer Mangel wächst über Jahre hinweg stetig an – wie soll er da in wenigen Augenblicken wieder verschwinden?

Jetzt erschien vor meinem Stand der dicke Gendarm, war wie immer vom neidischen Apotheker geschickt, um nach dem Rechten zu sehen und zu verhindern, daß ich dem reichen Weißkittel die Kundschaft wegnahm. Aber wie immer unternahm er nicht das geringste. Ich hatte ihm einst einen Zweig Eberraute geschenkt für sein Kind, das abgemagert war und nicht mehr essen wollte. So wie der Appetit seines Sprößlings zurückgekehrt war, hatte sich die Gesinnung des Polizisten gewandelt. Er setzte eine strenge Amtsmiene auf, aber zwinkerte mir heimlich zu und kaufte bei mir zu regulärem Preis eine Tüte Stiefmütterchentee für sein Jüngstes, das juckender Milchschorf quälte.

Später bekam ich Besuch vom hohen Stadtrat persönlich. Herr Knullich war ein ewig schwitzender, rundlicher Mann, der seelisch schwer zu tragen hatte. Sein Gesicht erzählte von den unzähligen Humpen Wein, die er lautstark offiziell mit anderen, oder allein, sozusagen inoffiziell, in tiefer Melancholie getrunken hatte: Die starke Vollblütigkeit ließ seinen Kopf prallrot, fast bläulich erscheinen, wie Spinnwebengeflecht waren die Äderchen auf seinen Backen geplatzt, die Augen traten ein wenig hervor, und er brauchte gar nicht zu sagen, daß ihn ständige Wallungen sorgten – ich sah es auch so.

Bei einem solchen Menschen ist schwierig zu handeln. Sollte ich ihm raten, dem Weine zu entsagen? Er würde es nimmer tun und lieber Herz und Kreislauf opfern, als auch nur versuchen, sein Leben zu ändern. All das war mir klar, als ich ihn zu vertraulicher Rede diskret zur Seite zog.

»Herr Stadtrat«, sagte ich, »viel Wein ist geflossen, bevor diese Stadt zu Ruhme gelangte, und groß sind die Sorgen weiterhin, das Gewonnen zu bewahren. Alles hat seinen Preis: Rechnet man Wein in Fässern zusammen, so ergeben sich stolze Summen. Nun soll eine einzige Medizin, in kleinem Fläschchen, heim-

lich, tropfenweise genommen, der vielen anderen Flüssigkeit Paroli bieten und wahre Wunder bewirken? Ein solches Wunder ist teuer, wohlbedacht muß daher die Anschaffung sein.«
»Geld spielt bei mir keine Rolle«, sagte Herr Knullich leise und traurig, »für meine Gesundheit soll mir kein Mittel zu teuer sein.«
Da holte ich aus einem versteckten Kasten das magische Aurum, ein Dilution aus in Alkohol gelöstem Goldstaub, so dünn, so ätherisch fein in Hochpotenz, daß man den Inhalt wirklich nur ahnen konnte, und riet ihm, nichts dem Apotheker zu sagen. Er versprach es und zahlte für die verborgene Kraft des Goldes mit sichtbarer Münze, drei Dukaten in Gold. Gewißlich ein stolzer Preis. Und doch war es richtig, denn Herr Knullich gehörte zu jenen Leuten, die um so fester an etwas glauben, je teurer der Preis dafür ist.
Ich dankte ihm und nahm mir in gleicher Sekunde vor, noch selbige Woche den armen Kindern des Köhlers eine Freude zu bereiten und auch die Taglöhner auf dem Feld zum kleinen Festmahl zu laden. Ist es nicht recht, den Kreislauf des Wohlstands zu denen zurückzuleiten, die ihn erzeugen? Auch der Stadtrat bedankte sich überschwenglich und verschwand hastig in der Menge.
So ging der Tag dahin in Gespräch und Beratung und bot mir aufs neue eine Fülle von Eindrücken, die ich verarbeiten konnte.
Ganz zum Schluß aber kam noch ein junger schlanker Bursche mit traurigen Augen vorbei. Der klagte über sonderbare Erscheinungen: Er litt an Unruhe und Schlaflosigkeit, mitunter überfiel ihn aus heiterem Himmel eine schier grenzenlose Trauer, auch hielt er sich bewußt den Festen der Stadtjugend fern, weil

ihm so wenig danach zumute war. Sein Herz sei ihm schwer und manchmal schrieb er bei Mondschein wehe Gedichte. Besonders heute, so kurz vor dem Fest, wo alles sich schmücken und aufmachen würde, das scheinbare Glück mit Händen zu fassen, wo Zimbeln und Fideln und lachende Stimmen bis spät in die Nacht seiner Einsamkeit höhnen würden, da spürte er's besonders hart. Schüchtern fragte er an, ob ich auch seinem Leiden Abhilfe zu schaffen verstände.
Ich sah ihn mir an mit genauem Blick. Er war ungefähr gleich groß wie ich und in meinem Alter. Er gefiel mir recht gut mit seinen träumenden traurigen Augen. Ich sagte zu ihm: »Ich glaube, mein Freund, in deinem Falle, da weiß ich eine ganz besondere Medizin«, und nahm ihn mit nach Hause.

Die Waage-Symbolik

Das Zeichen Waage (24. September-23. Oktober) ist ein uraltes Symbol für Gerechtigkeit. Justitia, die allegorische Umsetzung in eine Figur, trägt neben der Waage häufig noch das Schwert, Zepter, Ölzweig oder ein Füllhorn als Zeichen ihrer Wirkungsbereiche. Die verbundenen Augen symbolisieren ihre Unbestechlichkeit gegenüber äußerem Schein.

In der Astrologie ist die Waage überraschenderweise aber keine Göttin, sondern ein männlich-aktives Luftzeichen. Weitere Zuordnungen zur Waage sind das Streben nach Ausgleich, Harmonie, Ästhetik und Schönheit. Die Waage kann daher auch als Verkörperung des goldenen Schnitts, jener klassischen Grundformel für Ausgewogenheit, betrachtet werden. Auf Tarotkarten wird die Waage häufig auch als Wagenlenker dargestellt, der die Aufgabe meistert, sein Gefährt auf Kurs zu halten, das von zwei temperamentvoll voranstürmenden und manchmal auseinanderstrebenden Rossen gezogen wird.

Hier wird also erneut und in verstärktem Maße die Problematik des anderen Luftzeichens Zwillinge berührt. Das für Waagemenschen zuständige 7. Haus gibt Auskunft über die Bezüglichkeit seiner Gefühle: Partnerschaft, Ehe, berufliche und öffentliche Verbindungen. Der phonetische Gleichklang der Worte

»Waage« und »vage« weist in die negative Richtung seines Charakters: übertriebenes Harmoniebedürfnis kann zu völliger Bewegungs- und Entscheidungsunfähigkeit führen, ja zum willenlosen Spielball der Ereignisse machen. In diesem Sinne wird die Waage tatsächlich blind, blind gegenüber sich selbst und der Welt, was den Verlust des eigenen Standpunkts bedeuten kann.

Besser dürfte indes in bezug auf die eigene Transformation das Bild des Wagenlenkers funktionieren: Hier ist er weder passiv, noch dem Schicksal vorauseilend, sondern selbst Lenker seiner Lebensprozesse. Aus dem leisetreterischen Diplomaten, der es möglichst allem und jedem recht machen will, wird ein aktiver Gestalter und Planer der Zukunft, die, weil sie bewußt und überlegt (ausgewogen) angegangen wird, ein Höchstmaß an Gerechtigkeit hervorbringen kann.

Auf die moderne Gehirnforschung übertragen, kommt dem Waagemenschen dann also die Rolle des Corpus callosum zu, jenes für höheres Bewußtsein und Denken zuständigen Nervenstranges, der die beiden unterschiedlich wirkenden Gehirnhälften synergistisch miteinander verbindet – die rechte, ganzheitlich orientierte, emotionale Seite und die linke, analytisch trennende, rationale Seite. Meistens überwiegt eine Hälfte beim Menschen – Ausgangspunkt vieler Probleme und innerer Konflikte. Erst das ganze, harmonisch ausgeglichene Gehirn ist dazu in der Lage, dem Menschen neue, tiefere Erkenntnisse zu übermitteln.

Der Waage-Traum

Ich träumte, ich sollte den Vorsitz einer Jury übernehmen: »Seien Sie vorsichtig, Professor!« hatte mich zuvor ein guter Bekannter gewarnt.

»Warum, gibt es in diesem Fall eine besondere Problematik?«

»Das kann man wohl sagen.« Mein Bekannter war näher herangerückt, hatte sich prüfend umgesehen und seine Stimme gesenkt. Es mußte etwas dran sein an der Sache, sonst hätte er sich nicht so verschwörerisch verhalten. Schließlich galt er als bestinformiertester Mann der Stadt. »Wie Sie wissen, handelt es sich vordergründig um einen Freizeitkünstler-Wettbewerb, den der Finanzminister für alle Mitarbeiter seines Ressorts ausgeschrieben hat ...«

»Und hintergründig?«

»Um indirekte Belohnung von Abhängigkeit. Sehen Sie, auch ein Ministerium ist wie eine große Familie, es gibt dort Lieblingskinder und ebenso schwarze Schafe, neidische Vettern und gehässige Onkel ...«

»Deuten Sie etwas Bestimmtes an?«

»Nun ja, wie soll ich es ausdrücken ... die Jury setzt sich aus Ihnen und sechs weiteren Überparteilichen zusammen. Aber überparteilich sind sie natürlich nur scheinbar. In Wirklichkeit repräsentieren sie mindestens drei unterschiedliche, um nicht zu sagen feindliche Richtungen, wobei zumindest eine völlig unberechenbar ist. Jeder hat seine gewissen Favoriten. Und jeder glaubt felsenfest, er würde, dank Ihrer Hilfe, seinem Günstling zu Sieg und Preis verhelfen. Wie Sie's auch anstellen, Sie setzen sich immer ins Wespennest. Von Amtsrat Zeisig jedenfalls weiß ich ...«

Ich hatte seinen Redeschwall abgebremst. »Namen interessieren mich wenig. Ich denke, hier geht es vor allem rein um die Sache.«

»Sie sind ein Idealist, Professor. Aber Sie werden noch an mich denken, spätestens dann, wenn Sie ahnungslos in alle Fettnäpfe gestolpert sind. Na, ich wünsche Ihnen jedenfalls alles Gute.«

So hatte er gesprochen und war kurz darauf gegangen, die nächste konspirative Zusammenkunft mit seinen Ratschlägen zu beglücken.

Das war gestern. Und heute, am Freitag morgen, pünktlich um Zehn, sollte die Jury tagen. Nachdenklich verließ ich mein Haus und ging zu Fuß die breite Allee hinab, durchquerte den Park, wo der Wind in den Bäumen rüttelte und erste braune Blätter vor meine Füße wehte. Fünf Minuten vor der Zeit kam ich beim Ministerium an. Ein argwöhnischer Pförtner stellte sich mir in den Weg. Ich reichte ihm meine Karte. Die Tatsache, daß auf ihr unter meinem Namen auch die Dienstbezeichnung stand, hellte seine Miene keineswegs auf. Mißbilligend glitt sein Blick über meine altmodische, aber keineswegs ungepflegte Kleidung. Ich war nun mal kein Modegeck, der jeder neuen Masche nachrennt. Mit Würde trug ich meine alten Sachen auf. Nach dieser Inspektion führte er mich wohl oder übel zu einer Tür und wies mich an, dort einzutreten, ich werde bereits erwartet. In der Tat standen dort im Saal sechs furchtbar seriöse

Herren in eindrucksvoll schwarzer Kleidung versammelt. Rings um sie lagerten, den Boden, Tische und Wände bedeckend, die eingereichten Kunstwerke. Ich schüttelte reihum die Hände, bestätigte, daß ich mich frisch und in ausgezeichneter Verfassung befand und bereit sei, wie zugesagt, den Vorsitz bei dieser schwierigen Angelegenheit zu führen.

»Also es ist so«, begann eilfertig Staatssekretär Knoll, ein besonders unangenehmes Exemplar der Spezies homo beamticus, dem man den langjährigen kriechenden Gang durch Schreibstuben und Vorstehzimmer schon äußerlich ansah, »wir haben uns zu früherer Gelegenheit die Arbeiten angesehen und bereits eine gewisse Vorauswahl getroffen ...«

»... die aber in keinster Weise verbindlich sein soll und getrost über den Haufen geworfen werden kann, wenn sich neue Aspekte ergeben ...«, unterbrach Amtsrat Seidel. Und Regierungsrat Wiegand rundete die Begrüßung mit den Worten ab: »Natürlich sind Sie für uns heute der wichtigste Mann, Herr Professor, sozusagen das Zünglein an der Waage, dessen fachkundigem Urteil wir uns gern beugen werden ...« Ich winkte bescheiden ab.

Kallenbach, Müller und Zeisig äußerten sich nicht. Sie grinsten verschlagen.

»Wie sollen wir beginnen, was denken Sie, Herr Professor?« fragte Amtsrat Seidel gespannt.

»Das Beste wird sein, denke ich, wir gehen gemeinsam die eingereichten Exponate durch und verschaffen uns eine erste Übersicht«, schlug ich vor. Die sechs Würdenträger nickten zustimmend. Aus der Nähe betrachtet wirkten sie wie eine Horde Pinguine, in ihren schwarzen Amtsröcken. Oder wie Krähen, die sich um eine Beute scharten. Ich verdrängte schlimmere Assoziationen und ging erst mal ans Werk. Die Pinguinkrähen folgten lauernd meiner Spur.

Auf den ersten Blick bot sich mir in den Bildern ein kläglicher Jahrmarkt der Eitelkeiten. Jeder, gleichgültig welcher Begabung, hatte versucht, es den großen Meistern nachzutun, nur mit dem Unterschied, daß jene zutiefst empfunden hatten, was sie da an Ängsten, Visionen und Sehnsüchten auf die Leinwand bannten, während die Hobbymaler im Zustand ihres Dilettantismus verhaftet blieben. Man sah den Bildern, den Ölschinken aller Größen und oft in protzig goldfarbenen Rahmen sofort an, daß man sie lieblos heruntergepinselt hatte.

Nicht der Weg war das Ziel, sondern augenscheinlich das fertige Produkt, ein schnelles Resultat, ein leichter Sieg.

Schon hatte mein Auge beinahe alle Bilder Revue passieren lassen, fast war ich am Ende des Saales angekommen, als Staatssekretär Knoll neben mich trat und bedeutungsvoll auf ein Ölbild nahe der Türe wies. »Ist das nicht zauberhaft?« fragte er mit Kreide in der Stimme und kontrollierte aufmerksam meine Reaktion.

Es war ein schauerliches Bild, eine kitschige Alpenlandschaft mit Hütte und sturmgebeugter Tanne, eines wie man sie haufenweise im Kaufhaus geboten bekommt, dazu noch in grober Struktur gespachtelt, mit grellbunten, unsensiblen Farben. Ich räusperte mich.

Da schlug Herr Wiegand in dieselbe Kerbe: »Und diese gelungene Komposition, alles so naturalistisch, wie aus dem Leben ...«

Jetzt drängte Amtsrat Seidel dazwischen. »Kommen

Sie, kommen Sie, Professor, werfen Sie einen Blick auf die Dinge im nächsten Saal.«

Was, sollte die Geschmacklosigkeit sich auch noch nebenan fortsetzen? Tatsächlich, es gab einen weiteren Saal mit obskuren Dingen bis an die Decke gefüllt. Hier schob mich Seidel durch Berge selbstgetöpferter Vasen, hölzerne Masken und gigantische Mengen nachempfundener Bauernmalerei zu einer Glasvitrine mit Zinnfiguren.

Ich beugte mich neugierig näher. Da tobte im Kleinformat eine blutige Schlacht, Ulanen ritten Attacke, Grenadiere schossen Peleton und aus den Rohren der Kanonen quoll Pulverdampf, imitiert durch angeklebte Wattebäusche. Alles focht, stürmte und stach auf den anderen ein, nur Tote und Verwundete gab es nicht, anscheinend hatte es dafür keine Formen für den Zinnguß gegeben.

»Sehen Sie: Dort sitzt Napoleon geschlagen im Sattel und drüben wirft gerade Blücher seine berühmte Tabakspfeife in die Luft«, kommentierte Seidel mit andächtiger Stimme, »und alles originalgetreu nach alten, historischen Vorlagen gewissenhaft mit der Hand bemalt, eine bemerkenswerte Leistung! Ich kenne den Hersteller, ein alter Zollmann, seit vierzig Jahren im Dienst, und immer genau und pünktlich ... und wie liebevoll er die kleinen Figuren bemalt, mit winzigem Pinsel und ständig die Lupe im Auge ... sehen Sie, wie dort die Musketiere stürmen ...«

Mir grauste es. Fast hörte ich das Geschrei der rasenden Kerle im eigenen Ohr, sah fanatische, wutentbrannte Gesichter, Körper, Hände und Fäuste, einzig zum Kämpfen, zum Töten, zum Morden benutzt. Und schließlich glaubte ich den alten Zollmann selber leibhaftig vor mir zu sehen, wie er akribisch und voller Brunst, lächelnd am Feierabend dies Massaker mit zartem Pinsel bemalte.

»Völlig unmöglich«, sagte Kallenbach, »zu militaristisch, was soll die Bevölkerung denken, wenn schon Finanzbeamte für solche Werke mit einem ersten Preis belohnt werden?«

Seidel wehrte heftig und wortreich ab. Schließlich kam Müller dazwischen und brachte einen Vermittlungsvorschlag an. »Wir sollten uns in den nächsten Saal hinüberbewegen, vielleicht werden unsere Probleme dort durch bessere Angebote gelöst.«

Was, noch ein Gemach der mittelmäßigen Schauerlichkeit? Fast bereute ich schon, dem Ansinnen, hier Juror zu spielen, so willig Folge geleistet zu haben. Müller öffnete die Tür zum nächsten Raum. Hier waren Plastiken, Holzschnitzereien und Webarbeiten gestapelt. An den Wänden hingen Fotografien.

»Das da, das ist mein Favorit«, sagte Müller schlicht und einfach und wies auf ein sonderbares Ungetüm aus Draht, geklebter Pappe und Federn, »der Reichsadler einmal anders, skurril, originell und unvergleichlich lustig.«

»Völliger Blödsinn«, protestierte Kallenbach, »als die pure Zumutung erscheint mir dieser Pleitegeier, die reinste Provokation! Ich glaube, Sie planen, den ganzen Wettbewerb zu sabotieren, ist das Ihre Dienstauffassung?« »Meine Dienstauffassung steht hier nicht zur Debatte«, konterte Müller scharf, »wenn ich aber an Ihre denke, wie Sie voriges Jahr seelenruhig in Urlaub gingen, als gerade die Heilbronner Pleite passierte ...«

»Unerhört!« brüllte Kallenbach, »nehmen Sie diese infame Unterstellung auf der Stelle zurück!«

»Es ist ein Skandal«, sagte Wiegand, ohne näher zu erläutern, worauf er diese Aussage bezog, »ein Skandal ist das!«

»Aber meine Herren, beruhigen Sie sich!« schrie Staatssekretär Knoll mit hochrotem Kopf dazwischen, »denken Sie an die wundervolle Alpenlandschaft!«

»Dilettantisch«, sagte Zeisig. Und Kallenbach wies auf ein Foto an der Wand. »Achten Sie auf die Taube da«, sagte er salbungsvoll, »eine klassische Friedenstaube wie sie im Buche steht, das ganze Gegenteil von den häßlichen Zinnsoldaten.«

»Unterbelichtet, unscharf, verwackelt und außerdem keine Friedenstaube, sondern eine stinkordinäre Straßentaube, wie sie überall rumfliegen. Ich hasse diese milbenverseuchten Viecher, die reinsten Ratten der Luft sind das!« fuhr Seidel ihm in die Parade.

»Immer noch besser als ein abgestürzter Pleitegeier«, höhnte Kallenbach.

»Am besten entscheiden wir uns für die Alpenlandschaft«, riet Staatssekretär Knoll.

»Niemals, nur über meine Leiche«, sagte Zeisig. Es war ihm anzusehen, daß er über diesen Punkt nicht mehr bereit war, zu verhandeln.

»So kommen wir keinen Schritt weiter«, stellte ich fest und war selber erstaunt über die Festigkeit meiner Stimme. Einen kurzen Moment lang kehrte Stille ein. Alle standen schweratmend herum und vermieden, sich gegenseitig in die Augen zu sehen. Schließlich sagte Amtsrat Seidel: »Was schlagen Sie vor, Professor, sagen Sie, gibt es für uns eine akzeptable Lösung?« Ich dachte nach. Es war nur zu offensichtlich, daß jeder bereits seine Wahl getroffen hatte und keinen Deut davon abweichen würde. Die Fronten waren abgesteckt, ein Frieden kaum noch zu erreichen.

Unter der dünnen Decke der gemeinsamen Sache, brodelte ein Vulkan. Ein Kompromiß mußte her, das war klar, aber wie?
»Ich glaube, wir waren noch nicht in der Ecke dort hinten«, sagte ich, »vielleicht schlummert dort noch ein kleines Juwel, das unserer Entdeckung bedarf?«
Die sechs gewichtigen Beamten runzelten ihre Stirnen, machten bedenkliche Gesichter, widerstrebend folgten sie mir.
Und da, tatsächlich, inmitten obskuren Gerümpels, erblickte ich etwas, das auf Anhieb mein Interesse weckte: ein kleines, unscheinbares Aquarell, zart und nicht sonderlich raffiniert gefertigt, aber voll Wärme und irgendwie faszinierend in seiner schlichten Form. Das Bildlein ragte als purer Hoffnungsschimmer aus düsterer Umgebung heraus. Es war ein Gesicht, ein rundes, freundliches Mädchengesicht mit wachen blauen, lachenden Augen, einfach gemalt aber wirkungsvoll. Als ich es hoch nahm und betrachtete, glaubte ich kurz, die Malerin dahinter zu erkennen. Die blitzartige Vision einer stillen, gutmütigen Frau, alt, eher schüchtern, von einfachem Gemüt aber offenem Herzen und Sinn. »Dies ist es«, sagte ich und registrierte verwundert, daß die sechs Herren das so widerspruchslos hinnahmen, wie sie die Köpfe schief legten, genauer hinsahen und bedeutungsschwangere Mienen aufsetzten.
»Und warum?« wagte Zeisig zu fragen.
»Weil es ein wirklich gutes Bild ist, ein kleines, unaufdringliches Kunstwerk, das auf den Betrachter Harmonie aussendet.«
»Das stimmt«, sagte Wiegand, »nur von wem ist es?«
»Lassen wir uns überraschen«, sagte ich. Und wieder stimmten die würdigen Pinguine zu.

Bei der Preisverleihung am Abend war ich anwesend. Mir oblag es, den Preis zu überreichen. Als ich die Nummer aufrief, trat aus der Menge eine rundliche, ältere Frau, bescheiden, schüchtern, verlegen, daß sie gewonnen hatte. Es war die unbekannte Malerin meiner kurzen Vision. Ich drückte ihr herzlich die Hand. In ihren wachen blauen, sonst lachenden Augen schimmerten kleine Tränen der Freude. In diesem Moment ähnelte sie noch einmal in ihrem Leben dem jungen Mädchen auf dem Aquarell.

Die Skorpion-Symbolik

Der Skorpion (24. Oktober-22. November), in der Astrologie als weiblich-passiv und als zwielichtiges Wasserzeichen betrachtet (wesentlich abgründiger als der vergleichsweise harmlose Krebs), wird dem Pluto, dem Planeten der Mystik und des Okkulten, zugeordnet.
Ursprünglich (der Planet selbst, obgleich immer »erahnt«, wurde erst relativ spät, nämlich 1930, entdeckt) opferte man Pluto mit abgewandtem Gesicht – er war der Gott der Unterwelt, auch Hades genannt. In der Vorstellung vieler Völker bewachen »Höllenhunde« (Pluto, Cerberus u. a.) den Eingang zu seinem Reich, hinter dem sich unendliche Abgründe auftun. Für gewöhnliche Sterbliche ist diese Unterwelt wenig geeignet, was Orpheus und andere Helden der Antike am eigenen Leibe erfuhren ...
Schon in der ältesten Dichtung der Menschheit, dem sumerischen Gilgamesch-Epos, bewachen geheimnisvolle Skorpionmenschen wie Höllenhunde den Eingang zur Unterwelt. Sinnbildlich verkörpern sie auf diese Weise die schwer einschätzbaren Tiefen der Psyche. Der Skorpion ist ein sinnlicher Gefühlsmensch, in dessen grenzenlos scheinender Innenwelt mitunter die chaotischsten und kräfteaufzehrendsten Kämpfe stattfinden, die bis zu Lebens- oder Todesverachtung führen können.

In der Symbolgeschichte wurde der Skorpion daher zum gefährlichen Tod, aber auch Überwindung desselben, nämlich Wiedergeburt, bringenden Wesen. In der Astrologie und Wahrsagekunst (Kartenlegen usw.) gibt das 8. Haus (Pik Sieben, Kreuz Acht, überhaupt alle dunklen Karten) Auskunft über fundamentale Fragen wie Lebensdauer, Tod, Unfall, schwere Krankheiten, große Verluste, weist aber zugleich auch schon darüber hinaus (Erbschaft, Telepathie, Psi-Kräfte).

Die Grenzen zwischen Sadismus und Masochismus können beim Skorpion mitunter verschwimmen. Was für andere grausam anmuten mag, ist für ihn aber seine besondere, konsequente und kompromißlose Form der Lebensbewältigung. In das Skorpionzeichen mischt sich gelegentlich noch ein anderes Fabeltier. Gemeint ist der ägyptische Phönix-Vogel, der seine Selbstfindungssuche so weit treibt, daß er sich selbst verbrennt, um »wie ein Phönix aus der Asche« aus den Trümmern des Alten zu neuem Leben emporzusteigen.

Ist es von daher ein Wunder, daß es dem Skorpion zeitweise vor sich selber und den Konsequenzen seiner Handlungen graut, wenn sich schon andere vor ihm fürchten?

Der Skorpion ist ein Einzelgänger, ein kompromißloser Kämpfer für den Entfaltungsspielraum des Individuums. Begriffe wie gesellschaftliche Norm, Moral und Anstand fegt seine Willenskraft ohne jede Hemmung hinweg. Darin kann eine große geistige Kraft und Seelenstärke liegen. Ebensogut aber auch der ewige Anfang vom ewigen Ende.

Transformation liegt für den Skorpion in der Überwindung seiner triebhaften Eifersucht und Leidenschaft.

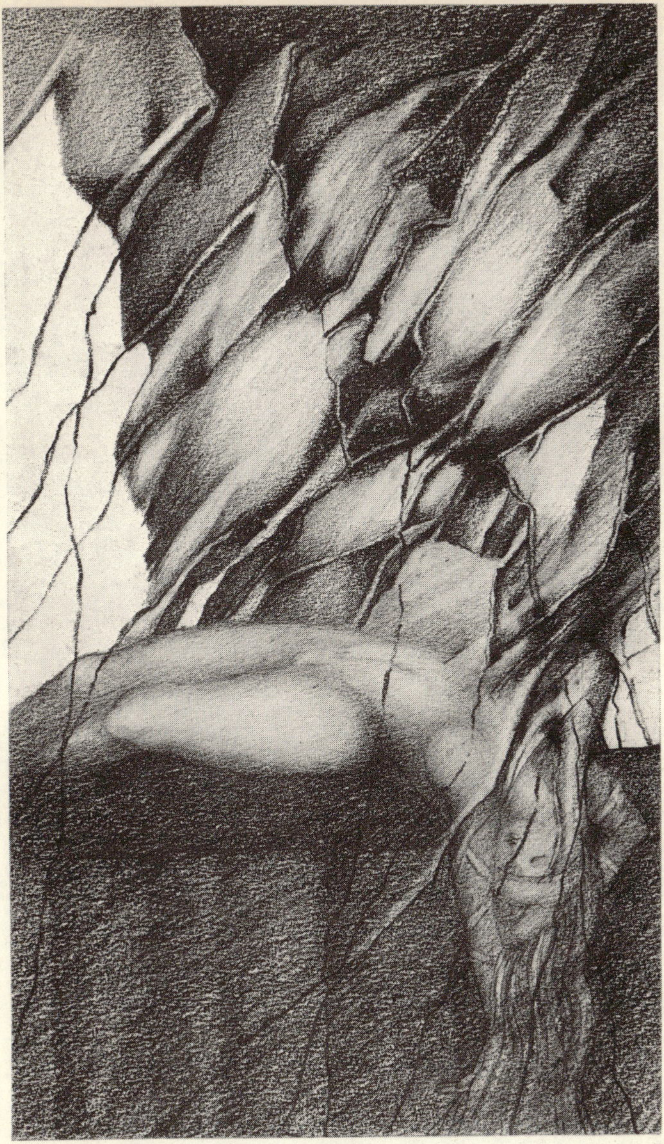

Der Skorpion-Traum

Ich träumte, ich stürzte in eine dunkle Unendlichkeit: Die Schwärze um mich wölbte sich zum Schacht, zur Röhre, und ich fiel, fiel durch alle Tiefen des Seins hindurch in ein unterirdisches Jenseits hinein, das grenzenloser war als alle menschliche Vorstellungskraft. Endlich verminderte sich der Fall, das Brausen der rasenden Talfahrt löste sich auf in murmelnde Nebel, langsam kam Dämmerlicht auf, ein fahles Glimmen nur, wie morsches Holz, das in düsteren Mooren fluoresziert, ließ mich die Umgebung wieder schemenhaft erkennen.
Ich lag in einem Loch, einer Höhle, einem Kerker vielleicht, spürte, daß es weit unter der Erde sein mußte, denn es war modrig und kalt. Zuerst glaubte ich tot zu sein. Etwas, das meine Seele war, flatterte ätherisch mit durchsichtigen, gläsernen Schwingen über mir, blickte auf mich herab, auf meinen abgestürzten, zerbrochenen Körper, der hilflos auf einer Felsplatte lag, so verloren, so weit entfernt von aller Lebendigkeit, bis hierher zum Endpunkt geworfen durch Räume und Zeiten hindurch.
Dann kroch ein sachtes Kribbeln aus meinen Beinen körperaufwärts dem Herzen zu, erreichte die Schläfen. Mühsam hob ich den Kopf, sah mich um. Ich lag in einem Gefängnis, meine Haut und die Glieder fühl-

ten sich zerschlagen und geschunden an. Auf meiner Brust aber saß der gläserne Vogel, war zu mir zurückgekehrt, sah mich mit schwarzen, traurigen Augen an, in denen alles Wissen der Welt verborgen war, sprach zu mir, ohne den Schnabel zu öffnen: »Ophelia, nun hast du gefunden, was du begehrtest, bist in der Frühzeit deiner Erinnerung angelangt – bist du nun glücklich?«
Ich schüttelte heftig den Kopf, wie um den Schmerz, der glühend durch mein Inneres raste, hinwegzuwischen. Nein, das war es nicht, warum nur, warum hatte ich mich darauf eingelassen?
Mein Blick fiel auf die Spritze neben mir, und Ahnung kam in mir auf. War es das? Hatte ich das gewollt, als ich bereit war, das Experiment zu wagen? Einen Moment lang verzerrte sich mein Blick, die Spritze verschwand, war zu einer stählernen Kette geworden, die meine Arme und Füße umschloß. Ich lag auf einer Steinpritsche, an den Boden geschmiedet, wie ein Tier gefangen im unterirdischen Verlies.
Der gläserne Vogel schlüpfte in meine Brust zurück. Im gleichen Augenblick beugte sich ein finsterer Schatten über mich. Es war ein Mann, in dessen verschwommenem Antlitz ich mühsam Dr. Horus erkannte. Was suchte der Arzt, der berühmt-berüchtigte Chirurg bei mir in dieser Zelle? Lag ich etwa auf dem OP-Tisch? Führte Horus eine Operation an mir durch? Sein Gesicht kam immer näher, so dicht, daß ich das Glitzern in seinen stahlkalten Augen erkennen konnte.
»Wie fühlst du dich, Ophelia?« drang seine Stimme durch den Nebel zu mir.
»Was ist mit mir?« fragte ich schwach.
»Nichts Besonderes, du spürst nur die Wirkung. Du

wolltest sie kennenlernen«, gab er zur Antwort und grinste diabolisch.
»Wo bin ich, wo sind die Hunde?«
»Draußen. Ich habe sie gerade gefüttert«, sagte er und wandte sich von mir ab. Als der Schatten seines Körpers von mir glitt, drang schwaches Licht aus dem fernen, winzigen Fenster zu mir heran. Pluto und Cerberus, meine beiden Hunde, kam es mir in den Sinn. Wo mochten sie sein? Fraßen sie gerade rohes, blutiges Fleisch, weit voneinander, in sicherem Abstand, um sich, wie immer, gegenseitig mißtrauisch aus ihren roten Augen zu bewachen?
Ich schauderte und mochte nicht mehr an die Hunde denken.
Dr. Horus, der geniale Chefarzt, ebenso hofiert wie gefürchtet, saß nun zu meinen Füßen und zündete sich seelenruhig seine Pfeife an. Geschickt führte er das Streichholz, eine kleine zuckende bläuliche Flamme, über das knisternde Kraut, wobei der Feuerschein flackernd über sein Gesicht tanzte, es magisch verzerrte und in eine Dämonenmaske verwandelte. Die Ränder seiner Brille warfen nach oben gewölbte Schatten auf seine Stirn. Wie zwei Hörner, dachte ich. Und schwarz schmiegte sich sein Haar wie eine samtene Haube über den Schädel. Ja, er war pervers und grausam. Ein Mann, der zynische Witze beim Sezieren machte und, noch bevor diese wirken konnten, sie bereits mit scharfer Analyse überwand. Ein Mann, in dessen Nähe kaum jemand zu atmen wagte, dessen Blicke alles Lebendige zu durchbohren und zu zerschneiden schienen, den man entweder hassen oder bedingungslos anbeten konnte. Aber dazwischen nichts anderes, keine abgestufte menschliche Regung, das hatte ich oft genug am eigenen Körper ver-

spürt, zumindest seit jenem Tage, als ich ihm zu assistieren begann und mit ihm schlief.
»Severin, Severin«, sagte ich, »was ist, was ist mit mir?«
»Nichts von Bedeutung«, sagte er, »es wurde nur jenes ausgelöst, was schon von Anfang an in dir selber ist.«
»Kann sein«, fügte er nach einer Pause hinzu, »daß noch ein bißchen Phantasie in dir hochkommt, krauses Zeug von früher, achte nicht sonderlich darauf, genieße den Zustand, genieß es, Ophelia.«
Mir aber gelang es nicht zu genießen, der Zustand quälte mich, dieses hilflose Schweben zwischen Dasein und Ablösen von jeglicher Existenz. Sicher hatte ich es gewollt, das war wahr, und auch geahnt, daß es schreckliche Folgen haben könnte für mich, und immer schon, solange ich denken konnte, hatte mich das Überschreiten von Grenzen gelockt. Aber dies hier, das war mehr, als ich verkraften konnte. Warum tat er nichts, warum half er mir nicht, dieser große, unfehlbare Meister? Weidete er sich an meiner Hilflosigkeit? Hatte er mich so genommen, in all meiner Schwäche, hier auf der unsicheren Schwelle zwischen dem Jenseits und mir?
Noch immer spürte ich die eisernen Fesseln an meinen Gelenken. Sie waren eng und gruben sich in mein Fleisch bei jeder Bewegung. War dies ein Spiel und ich sein willkommenes Opfer? Wieder stieß Horus eine Qualmwolke aus, die mich einhüllte, und seltsam würziger Rauch quoll durch meine Nasenflügel tief bis in die Lungen hinein. In meinem Kopf kreisten gläserne Räder, mir schwanden erneut die Sinne.
Als ich wieder zu mir kam, war mein Besitzer verschwunden. Ich lag allein in der muffigen Kammer.

Von fern tönte ein Grollen heran. Oder waren das die Hunde, die draußen vor der Türe wachten?
Erst jetzt entdeckte ich, daß ich nicht allein war. Ein häßlicher, mißgestalteter Troll saß in der Ecke und betrachtete mich. Ich sah, daß ich nackt war, und konnte diesen Zustand nicht verbergen vor seinen gierigen Augen. Meine Hände und Füße lagen noch immer gefesselt, wie etwas, das nicht mehr zu mir gehörte, auf dem steinernen Block. Der scheußliche Kerl stand auf und schlurfte grinsend heran. Plötzlich schnellten seine Arme, die er bisher hinter dem Rükken verborgen hatte, vor und hielten eine gekrümmte Zange dicht über mich. Ich schrie gellend auf.
Der verwachsene Troll lachte ein gefährlich trockenes, widerliches Lachen. Es war Severins Lachen. Und es drehte mir beinahe den Magen um, als ich in den Augen des Monstrums die von Dr. Horus erkannte.
Indessen hatte er mit der Zange von irgendwoher ein Stück glühende Kohle gepackt und sich mir damit genähert. Er führte die sengende Glut in der Zange dicht an meinen Körper heran, so dicht, daß ich die verheerende Hitze im voraus auf der Haut zu spüren glaubte.
»Hast du jemals einen Mann so sehr wie mich begehrt? Schnell, sprich es aus, bevor es zu spät ist«, hörte ich seine schneidende Stimme. Wie brechendes Glas, dachte ich, er spricht zu mir durch die Risse zerbrechenden Glases. Und plötzlich hörte ich auch den lauernden Unterton in seiner Frage. Gab es noch etwas zu retten? Lag es an mir, den Spuk zu beenden?
»Was willst du hören«, fragte ich in wilder Verzweiflung.
»Daß es dir Spaß macht mit mir, daß du bereit bist, zu tun, was ich will, gleichgültig, ob du es verstehst oder nicht, daß du nie freiwillig von dir aus gehen wirst.«

»Nein, nein, niemals.«
»Du lügst«, geiferte das Monstrum, »ich sehe es an deinem ängstlichen Gesicht, aber ich werde dich noch so weit bringen, daß du die Wahrheit sagst.« Und der Schinder fuhr mit dem glühenden Kohlenstück genießerisch über mich hin. Schrill schrie ich auf. Schmerzen unbekannter Dimension überschlugen sich in meinem Inneren, brachen in meinem Hirn wie elektrische Spannung heftig zusammen.
»Ja«, brüllte ich, »es ist wahr, ich sage alles, ich tue alles, was du willst!« Sofort zog sich die unbarmherzige Glut zurück.
Ich lag wie betäubt. Es brauchte lange, bis meine Sinne sich wieder beruhigt hatten. Da merkte ich, daß sich noch jemand im Raume befand. Am Fußende meines Folterbettes stand, gänzlich in schwarze Gewänder gehüllt, ein Wesen, das man mehr ahnen als sehen konnte. Es war der Tod.
»Du hast mich gerufen, Ophelia?« fragte er. »Gibt es etwas, wobei ich dir helfen könnte?«
Ich war ganz ruhig. »Ja«, sagte ich, »rette mich, rette mich aus diesem Zustand!«
»Aber du hast es doch selbst gewollt, daß es so kommt«, sagte der Tod.
»Nein, nicht so. Es war mir nicht klar«, sagte ich, »mein Leben war eine einzige Lüge, ich war verzaubert, wie besessen. Ich habe die eigene Stimme in mir bewußt übertönt.«
»Und was hat sie gesagt, die innere Stimme? Versuch', sie noch einmal zu Wort kommen zu lassen!«
Aus weiter Ferne schwebte die Kindheit an mich heran. Ich sah mich als kleines, nachdenkliches Mädchen, immer abwartend und beobachtend. Ich ging niemals auf die anderen zu, ich ließ sie kommen. Und

selbst wenn sie da waren, blieb ich allein. Ich sah meinen Vater vor mir, sein strenges Gesicht, das Gesicht mit den unnachgiebig nach oben gezogenen Falten. Nie gelang es mir, ihm etwas recht zu machen. Zu eisern waren seine Grundsätze, vor seinen ehernen Maßstäben schmolz meine kleine Unzulänglichkeit kläglich zusammen. Später gewöhnte ich mich daran zu leiden. Aber nie gab ich den Anspruch auf, diese qualvolle Grenze zu überwinden. Als ich flügge war und andere Mädchen die Köpfe voll süßem Gegirre hatten, zog ich aus, die Tiefen des Seins zu erfahren. Ich sah mich im Studium, ernsthaft in Bücher und Analysen versunken, und manchmal, wenn ich zufällig und geistesabwesend an einem Spiegel vorüberkam, streifte mich dort ein dunkler Blick aus tiefen, wissenden Augen. Ja, das war ich. Ich wußte, warum alles so war: Nie schien mir das Erreichte genug. Hatte ich eine Stufe genommen, so sehnte ich mich erneut, die nächste begehrlich zu überwinden. Und mehr als einmal glaubte ich, schon so weit zu sein, daß nur noch eines half: mich selbst zu vernichten und unter neuen, anderen Vorzeichen wiedergeboren zu werden, als neues Wesen, ein völlig anderes, als ich zuvor war. Und dann hatte ich diesen faszinierenden Menschen getroffen, Dr. Horus, und war seinem schrecklich schillernden Reiz mit Haut und Haaren verfallen.
Gewiß, ich liebte ihn nicht, es war ein Spiel, das mich in seine Arme trieb, ein böses Spiel, dessen Regeln bereits feststanden, lange bevor ich ihn traf, und die Folge war nur ein Echo dessen, was von Anfang an als keimende Frage in mir gelegen hatte. Und doch war ich mehr. Das war nicht das Ende, ich konnte, ich wollte mehr als dieses eine erbärmliche Leben!

Der Tod riß mich wieder aus meiner Betrachtung ins Leben zurück.
»So gestehst du also deine Fehler, dein Versagen, deine heimliche Freude am Untergang ein?« fragte er, und eine außerirdische Kälte wehte mich an.
»Ja und nein«, sagte ich, »Fehler, Versagen: ja, aber Freude am Untergang: nein, das trifft nicht zu. Ich möchte die Klammern sprengen, die mich halten, ich will das Schicksal nicht anerkennen. Lieber Tod, erlöse mich aus dem Elend.«
»Dann werde ich dich in deinem Wunsche, alles zu überwinden, nach Kräften unterstützen«, sprach der Tod, »das Feuer der Erkenntnis wird über dich kommen und alles in dir, was dich stört, verbrennen.«
Er löste meine Ketten und hüllte mich in ein weißes Hemd. Schwankend erhob ich mich. Der bucklige Knecht voran und hinter ihm ich, den Tod auf den Fersen, so stiegen wir eine steile, endlose Treppe hinan. Oben, im blendenden Licht des Tages, wartete ein Karren. Auf diesen stieß mich der Knecht. Der Tod aber blieb im Dunkel zurück. »Bis bald, Ophelia«, flüsterte er. Nachdem mein Schinder, der nun ganz und gar keine Ähnlichkeit mit Severin, meinem früheren Geliebten, mehr hatte, sondern einfach nur eine böse Mißgeburt war, das hölzerne Karrengitter hinter mir verriegelt hatte, spannte er sich selbst vor den Wagen. Rumpelnd rollten die Räder an, wir polterten vorwärts durch stille, enge Gassen.
Bald wurden die Straßen breiter, Menschen säumten den Weg, wiesen auf mich und schrien mir unverständliche Worte nach. Immer mehr Volk kam zusammen, und als ein paar kecke Burschen nachliefen und durch die Gitter nach mir griffen, sprangen plötzlich zwei riesige schwarze Hunde aus der Menge und trie-

ben die Kerle vom Karren weg. Wiewohl ich auch in ihnen meine beiden Beschützer Pluto und Cerberus erkannte – ein Geschenk von Dr. Horus –, gelang es mir nicht, sie anzurufen. Eine nie zuvor gekannte Scheu lähmte mir die Zunge, und wenn ich wirklich hätte schreien können, ich weiß nicht – wahrscheinlich hätte ich sie zum Teufel geschickt.

Jetzt bog der Karren um eine Ecke und hatte einen freien Platz erreicht. Der Anblick ließ mich vor Entsetzen und Abscheu schwindelig werden. In der Mitte des Platzes war, von einem Scheiterhaufen umgeben, ein Pfahl aufgerichtet, und neben ihm stand eine düstere Gestalt, in der ich zuerst meinen Herrn und Gebieter zu erkennen glaubte. Immer näher kamen wir dem schlimmen Ort. Und als wir dicht heran waren, atmete ich erleichtert auf, als ich sah, daß es der Tod war, der dort auf mich wartete.

Das Volk begann zu flüstern und zu murmeln, als mich der Schindknecht aus dem hölzernen Käfig holte und hinüber zum Scheiterhaufen führte. Dort nahm mich der Henker in Empfang und ließ mich an den Pfosten binden. Ich sah mich hilflos in der Menge um, aber da war kein bekanntes Gesicht zu finden, niemand würde mir zu Hilfe eilen, und auch die beiden Hunde waren vom Erdboden verschwunden.

Der bucklige Knecht ließ sich eine Fackel reichen und schrie mit sich überschlagender Stimme, die nur noch entfernt an Severin erinnerte: »Diese da hat mit Worten mir ewige Treue geschworen, aber es waren nur Lügen. Im Innern wollte sie weg von mir. So soll sie dann das Fest ihrer Freiheit inmitten der Flammen feiern und ihre gerechte Strafe erleiden!«

Der Tod aber flüsterte leise zu mir: »Du sollst nicht länger auf der Schwelle stehenbleiben. Ich werde dich

erlösen aus deiner Seelenqual.« Zugleich stieß der häßliche Severin die Fackel ins trockene Reisig. Hellauf stoben die Flammen, loderten hoch, fraßen sich, vom Wind begünstigt, zu mir empor. Doch seltsamerweise verspürte ich keine Schmerzen, auch nicht, als mich das Feuer erfaßte und Qualm meine Sinne zum Taumeln brachte. Ich brannte lichterloh, fiel in mich zusammen, regnete als Aschewolke zu Boden. In diesem letzten, allerletzten Moment fuhr ein Windstoß in die glimmende Asche, und ich erhob mich aus ihr in neuer Gestalt. Ein Adler war ich, der prüfend und zuversichtlich seine Schwingen reckte und aufstieg in die köstliche Weite eines jungen Himmels.
Tief unter mir in der Stadt sah ich in einer Wohnung Dr. Horus und seine Ophelia. Sehr blaß saß sie ihm gegenüber am Tisch, wie leblos, aber doch kam allmählich Glanz in ihre dunklen Augen zurück. Sie sah ihr Gegenüber an und sprach langsam mit wohlbedachter Betonung: »Ich danke Ihnen, Dr. Horus«, sagte sie, »ich danke dafür, daß Sie mit dazu beigetragen haben, mir die Augen zu öffnen. Ich habe lange geschlafen, und nun sehe ich deutlich, wer Sie in Wirklichkeit sind. Sie sind gar nicht da, Dr. Horus, Sie sind ein Gespenst. Eines, daß kleine Mädchen in Bann halten kann, solange sie nicht erwachsen sind. Ich aber bin heute nacht erwachsen geworden. Und darum ist Ihre Zeit auch vorüber. Ich habe Sie überwunden wie eine lange, zehrende Krankheit. Ich gehe nun. Leben Sie wohl.«
Ophelia stand auf und ging mit sehr nachdenklichem Gesicht nach draußen, an den schlafenden Hunden vorbei. Auf der Straße aber lachte sie. Mit einemmal wußte sie, was sie zu tun hatte.

Die Schütze-Symbolik

Es fällt schwer, nach den schönen Bildern und wichtigen Worten in Oswald Michels Vorwort (s. d.) noch etwas wesentlich Neues über das Zeichen des Schützen (23. November-21. Dezember) zu ergänzen.
In der griechischen Mythologie wimmelt es von Darstellungen der Kentauren, dieser halb aus Pferd, halb aus Mensch gebildeten Mischwesen, die in den wilden Waldgebirgen Thessaliens hausen sollten. Offenbar waren sie ursprünglich Schreckbilder der Wildnis. Und dies weist uns auf den großen, psychohistorisch bedeutsamen Konflikt des Menschen an sich hin: den Widerspruch zwischen Wildnis und Zivilisation; ein Gegensatz, der nicht notwendig wäre, aber dennoch oft genug auf verhängnisvolle Weise in uns wirkt.
Noch ein anderes archetypisches Bild wird durch das Tierkreiszeichen angesprochen. Der Jäger nämlich, der aufbricht, um mit Pfeil und Bogen Jagd auf Tiere zu machen. D. h. hier handelt es sich nicht mehr um einen Halbaffen, sondern bereits um einen vollständig seiner selbst bewußten Menschen, der sich grundlegend als Wesen von den Tieren unterscheidet, die fortan für ihn nur noch jagdbare Beute, also Nahrungsmittel sind. Ein Ausdruck von Menschwerdung, die das Ziel, das Zielen und daher auch das Über-das-Ziel-hinaus-Schießen in sich birgt – die beginnen-

de Fehlorientierung modernen Fortschrittsglaubens. Auch im Symbol von Pfeil und Bogen liegt doppelte Interpretierbarkeit. Rein materiell gesehen, wird es zur lebensbedrohenden und lebensvernichtenden Waffe. Geistig gesehen aber auch zur Äußerung eines hellwachen Bewußtseins, das sich im Bild des Zen-Bogenschützen beispielhaft manifestiert.
In der Symbolik des aktiven, heißblütigen, männlichen Schützen liegt aber auch die Bewegung, der Wunsch nach Unabhängigkeit und Phantasie. Das Feuerzeichen Schütze steigert die Eigenschaften von Widder und Löwe, bringt Widersprüche mit sich, darüber hinaus jedoch auch die Chance, durch Selbsttranszendenz gewaltig über sich hinauszuwachsen. Dies kann auf laute Weise, extrovertiert – sozusagen mit Hörnerklang –, aber auch leise geschehen, so wie es das Symbolbild des weisen Eremiten aufzeigt, dessen Waffe das Licht ist, der mit seiner Laterne Licht in die Dunkelheit unverständlicher Weltenzusammenhänge bringt.

Der Schütze-Traum

Ich träumte, ich würde an einem kühlen Morgen durch Sussex reiten: Zu dieser Jahreszeit liebte ich die Grafschaft besonders. Vor allem Chesed-Forest mit seinen uralten Bäumen, in deren riesigen kahlen Kronen sich Bündel von Misteln eingenistet hatten, den Weg über taukristallgänzende Auen am Ufer des Seven-Oak-River entlang, durch dunkle Haine und einsame Waldlichtungen, die wie Inseln des Schweigens wirkten in unserer lauten, hektischen Zeit.

Vom Wasser des Seven-Oak-River und seiner unzähligen Nebenrinnsale stiegen Nebelbänke auf, wie zarte Pastellschichten eines empfindsam gemalten Bildes standen sie hintereinander, dämpften das Licht und woben die Konturen sanft und diffus ineinander. Dies war ein Morgen, wie von Elfen gemacht.

Der Atem meines Pferdes dampfte und auch der meinige, ich spürte, wie Wotan den Ausritt genoß und freute mich herzlich auf die anderen. Besonders auf Marty.

Ich hatte ihn damals in Ascot kennengelernt, bei einem der letzten großen Rennen vor Ende der Saison, und seitdem viele schöne Erlebnisse mit ihm geteilt. Einen Moment lang wurde wieder die Erinnerung an unsere erste Begegnung wach. Ich dachte an die Aufregung des Tages, als Webster Piggot auf Bethor kurz vor dem Graben stürzte und es schon aussah, als habe er sich alle Knochen zerschunden, dann aber wieder hochkam, verwundert den Kopf schüttelte, erneut in den Sattel stieg, wendete und im zweiten Anlauf spielend das Hindernis nahm. So gewann er schließlich doch noch das Rennen. Die vornehmen Damen waren der Ohnmacht nahe gewesen, ganz bleich unter den riesigen Hüten, hatten sich ladylike zusammengenommen, aber nur bis zum Sieg, da hatte die Begeisterung auch sie erfaßt und zu einem einstimmigen Schrei veranlaßt, der gar nicht gewohnt war in der sonst eher unterkühlt-reservierten Umgebung.

Während dieses Ereignisses, über das man auch später in der Fachwelt noch ausgiebig sprach, hatte ich Marty getroffen. Und später viele Male bei wichtigen Rennen. All das ging mir durch den Kopf, als ich Chesed-Castle erreichte.

Wie erwartet stieß ich im Hof auf eine illustre Gesellschaft: Lord Cuttingham nebst Gattin, die Wolbridges und den alten Sir Frederic, Frank Laramie und die Morlock-Vettern, über deren prachtvolles Gestüt es neuerdings viel Gerede gab.

Marty und ich fielen uns in die Arme. »Hey Nikolaus, Nick«, sagte Marty und beklopfte mir heftig die Schultern, »wie geht es, altes Haus, immer noch den Geruch von Salmiak in der Nase?«

»Und du«, fragte ich fröhlich, »kräftig verdient mit todsicheren Tips?«

Marty verzog das Gesicht. »Ach weißt du«, entgegnete er, »so richtig bringt mir das Wettgeschäft keine Freude mehr, ich züchte jetzt lieber selber Pferde, hab' ein paar gute Einjährige angeschafft.«

»Wirklich?« fragte ich interessiert, »darüber mußt du

mir mehr erzählen, ich hoffe, es bleibt uns beim Ausflug nachher genügend Zeit dazu.«

»Wenn uns Sir Frederic läßt«, gab Marty zur Antwort, »du weißt, er nimmt die Sache leidenschaftlich und duldet beim Reiten keine Gespräche.«

Wir lachten und tauschten mit den übrigen Teilnehmern noch allerlei höfliche Floskeln aus, bevor der gemeinsame Ausritt begann. Wir ließen die Hunde zurück, die Jagdzeit war abgelaufen, wir wollten nicht unnötigerweise das Wild verschrecken.

Gegen Mittag erreichten wir den Eulenhügel und nahmen am Rande eines Buchenhains eine kurze Vesper ein. Danach stopfte Sir Frederic seine Pfeife und gab, wie stets bei solchen Anlässen, einige Anekdoten aus seinem Leben zum besten. Einmal, in seiner Jugend, habe er eigenen Auges die berüchtigten Ley-Lines gesehen, jene auffallend gleißenden Linien aus Licht, die wie magische Geometrie Dolmen, Menhire, verfallene Türme und die Spitzen benachbarter Dorfkirchen verbänden. »Es ist, als hätten die Bewohner unserer Gegend seit jeher, diesen geheimen Kraftadern folgend, Signale gesetzt und Stützpunkte gebaut. In China kennt man das übrigens auch, man nennt sie dort Drachenlinien. Alle Paläste des alten Reiches liegen daran und richten sich in ihrer Architektur nach dem mystischen Strom ...«

Gern hätten wir mehr darüber erfahren, doch der sprunghafte Sir Frederic war schon weiter beim nächsten Thema, seiner Kolonialzeit in Indien, die uns weniger interessierte, weil wir die meisten Details bereits bestens von früheren Schilderungen her kannten.

Marty und ich steckten die Köpfe zusammen. »Wie wär's mit einem privaten Rennen nachher?« fragte er.

Ich stimmte begeistert zu. Während wir noch scherzend über Bedingungen, Strecke und Siegesprämie stritten, hatte sich die Gesellschaft zum Aufbruch gerüstet. Wir folgten ihr ein kurzes Stück und machten uns dann zum Wettkampf bereit. Als Ziel waren die Ruinen der Abbey St. Patrick gewählt, die westlich von uns lagen. Wer zuerst dort ankam, sollte auf das Eintreffen des Verlierers warten. Danach würden wir gemächlich zurück nach Chesed-Castle reiten, wo abends ein Dinner stattfinden sollte.
Es war ein gutes Stück Weges bis zur Abbey, wir wußten nur ungefähr, wo sie lag. Auf jeden Fall aber würden wir unser Glück auf getrennten Wegen versuchen. Marty wandte sich nach links.
»Hundert Pfund!« rief er mir zu und reckte den Daumen siegessicher nach oben. Dann verschwand er mit seiner Schimmelstute im Wald.
In mir war der Sportsmann erwacht. »Vorwärts, Wotan!« rief ich und jagte den Braunen in jene Richtung, wo ich den Seven-Oak-River vermutete. Unterwegs kamen mir Zweifel. Hatte ich nicht die längere Strecke gewählt, war es überhaupt richtig, den Weg am Ufer zu nehmen? Ich spornte Wotan an. Erstmal am Fluß, würde sich möglicherweise irgendwo eine Abkürzung finden. Seltsamerweise aber tauchte der Seven-Oak-River nicht auf. Statt dessen wurde der Nebel dichter. Die Sonne war gänzlich hinter einem milchigen Dunstschleier verschwunden, fahl und farblos wirkte das Land.
Als nach einer guten halben Stunde das Ufer immer noch nicht in Sicht gekommen war, begann ich mir Sorgen zu machen. Ich hatte so selbstverständlich diese Richtung eingeschlagen – wie, wenn sie nicht stimmte und ich mich in Wahrheit immer weiter vom

Flusse entfernte? Außerdem zogen bedrohlich die Wolken zusammen. Es verdüsterte sich von Minute zu Minute. Was sollte ich tun? Abwarten, bis das Unwetter richtig heran war und es vorbeiziehen lassen? Das würde kostbare Zeit kosten. Ich ritt langsam weiter.

Je dunkler es wurde, desto sinnloser kam mir mein sportlicher Ehrgeiz vor. Wotan lief zurückhaltend Trab. Man mußte vorsichtig sein, besonders vor morastigen Mulden und anderen Hindernissen, die im Zwielicht schwer auszumachen waren. Auch gab es Sumpf im Gelände, Gebiete, in die ich auf keinen Fall bei diesem Wetter geraten wollte.

Ich spürte, daß ich mittlerweile auf einer Art Knüppeldamm ritt, was mich beunruhigte, denn solche Wege führen meistens ins Moor. Plötzlich tauchten neben dem Pfad die Konturen eines Erdhügels auf, große Steinquader lagen herum, die Reste eines gewaltigen Dolmen. Auch das war eigenartig, nie zuvor hatte ich davon gehört, daß Hünengräber in dieser Gegend zu finden waren.

Nachdenklich ritt ich weiter und schrak heftig zusammen, als vor mir aus der diesigen Schattenzone ein schwankendes Licht zu blaken begann. Ich hielt darauf zu und mußte Wotan ruckartig zum Stehen bringen. Fast hätte ich einen einsamen Wanderer über den Haufen geritten. Es war ein alter Mann in grobem, grauem Kittel mit über den Kopf gezogener Kapuze, der hielt eine Laterne in der Hand, als könne ihn diese den Weg durch den Nebel weisen. Obgleich der Mann mir unheimlich schien, war ich doch froh, einen Menschen getroffen zu haben, den ich nach dem Weg fragen konnte.

»Ist das die Richtung zur Abbey St. Patrick?«

Der Eremit hob langsam den Kopf und sah mich an mit uralten Augen, die mich frieren machten. Statt einer Antwort hob er den Arm mit der Laterne und wies in die Richtung, aus der er gekommen war.
Ich dankte hastig und trieb Wotan zur Eile an. Kaum aber war ich an dem Alten vorbei, krachte gewaltiger Donner, und ein greller Blitz zerriß den düsteren Himmel. Aber seltsamerweise kam dieser Blitz nicht von oben, sondern schoß dicht über meiner Schulter vorbei, als wäre er aus der Laterne des gespenstischen Wanderers mir nachgeschleudert worden. Wotan scheute.
Im selbigen Augenblick wurde ich Zeuge eines schier unbeschreiblichen Phänomens: Der Blitz raste als Lichtstrahl durch den Nebel und hellte ihn eine Handbreit auf. In diesem hellen Schacht sah ich für eine Sekunde überdeutlich weit in das Land hinein. Und nicht nur das: Gleichzeitig blieb der Strahl vor mir stehen und sprang, Punkt für Punkt zu einer Zeichnung verbindend, grenzenlos in die Ebene. In diesem Netzwerk aus Licht lagen Türme und Hügel, Kirchturmspitzen, Ruinen, Steinkreise und Brücken, Schneisen im Wald und seltsam linear ausgerichtete Wege und Pfade.
Die Ley-Lines, von denen Sir Frederic berichtet hatte, schoß es mir durch den Kopf. Weiter jedoch gelang es mir nicht zu denken, denn Wotan machte gleichzeitig mit dem Blitz einen Satz nach vorn und stürmte los, als säße ihm der Leibhaftige im Genick.
Ich schrie und riß an der Trense, zerrte am Zaumzeug, versuchte vergeblich, Wotan zum Halten zu bringen. Umsonst, das Pferd ging durch, raste von allen guten Geistern verlassen auf einer Bahn aus gebündeltem Licht dahin.

Ich mußte mich krampfhaft festklammern, um nicht im Höllentempo heruntergerissen zu werden. Ich sah jetzt keine Linien mehr und nahm auch sonst wenig von der Umgebung wahr. Wir schossen als lebender Pfeil durch die Welt. Aber war das eigentlich noch unsere bekannte Erde?
Immer schneller raste der wahnsinnige Hengst dahin, kaum, daß seine Hufe den Boden berührten. Todesangst überfiel mich. Unter Aufbietung aller Kräfte begann ich mit dem Tiere zu ringen. Soviel ich auch auf ihn einhieb und mit den Füßen seine Flanken attakkierte, sowenig nahm er Notiz davon. Unbeirrbar stürmte er seine schreckliche Bahn.
Splitternd brach Holz unter uns, Erdklumpen spritzten auf, mit klatschenden Hieben peitschten tiefhängende Zweige meinen Körper. Ich duckte mich tiefer, klammerte mich an den Leib des Tieres, krallte mich fest in seiner wehenden Mähne. Und immer weiter ging die wilde Jagd, steigerte sich zu unglaublicher Raserei, die mir die Luft zum Atmen nahm und meine Sinne zum Taumeln brachte. Aber ich gab nicht auf. Zwischen mir und Wotan entbrannte ein übermenschlicher Kampf.
Ich lag geduckt auf dem Pferderücken, preßte die Schenkel an und schlang meine Arme um Wotans kräftigen Hals.
Ich fühlte, daß es unmöglich war, ihn vollständig niederzuzwingen, und dennoch rang ich zäh und verbissen. Mein Atem ging ebenso keuchend wie seiner, und unser Schweiß begann gemeinsam zu strömen. Ich legte alle Kraft in die Arme, spürte die Beine nicht mehr, nur noch das Beben des Tieres; im gleichen, stampfenden Rhythmus wie seines klopfte mein Blut. Und schließlich war es soweit: Ein Stöhnen ging

durch Wotans Körper, und mein Schrei mischte sich siegreich mit seiner angstvollen Stimme.
Ganz allmählich wurde er schwächer, wir fielen in langsamere Gangart. Aber noch war nicht alles ausgestanden. Ich mußte wachsam bleiben. Mein Körper hatte sich inzwischen den Bewegungen des Tieres angepaßt, ja, ich fing an, den herrlichen Wahnsinn zu genießen, so tollkühn und mächtig durch den Wald zu rasen. Die Hufe und ich, dampfender Atem, wehende Haare und Mähne, diese verwegenen Sprünge über Gräben hinweg. Geschickt wichen wir Bäumen aus, setzten in vollem Lauf über Hindernisse, und immer noch folgten wir einer unsichtbar vorgezeichneten Bahn.
In diesem Zustand verbrachte ich eine Ewigkeit, schließlich vergaß ich, wie und warum das so war. Neues Erleben durchströmte meine Sinne, die Nerven zitterten mir in unbekannter, lustvoller Gier, zum erstenmal spürte ich überdeutlich die Härte des Bodens und auch wie angenehm federnd dagegen die Moose nachgaben. Die Angst war verschwunden.
Ein kurzes Stück noch, dann hielt ich inne. Vor mir tat sich eine Lichtung auf, und in ihr erkannte ich unser Ziel: die alten, verwunschenen Ruinen der Abbey St. Patrick im Schein der versinkenden Sonne. Der Nebel hatte sich überraschend gelichtet, und abendfeucht glänzte sattgrünes Gras rings um die efeuumwucherten Steine. Ich hob witternd den Kopf und wieherte freudig auf, als ich in der dunklen Oberfläche des Klostersees mein Spiegelbild erblickte: Ein herrlicher, wilder Zentaur.

Die Steinbock-Symbolik

Der Steinbock (22. Dezember-20. Januar), das dritte Erdzeichen, wird in der Astrologie als weiblich, introvertiert und kontaktarm bezeichnet. Symbolbilder des Steinbocks sind die felsige Bergeinsamkeit, steile, unerreichbare Gipfel, kalte, karge Landschaften, der Planet Saturn, Winteranfang.

Adäquat dazu wird die Steinbock-Persönlichkeit als herb und spröde, verschlossen und menschenscheu geschildert, als ein Wesen, das sein Inneres hinter starken Schutzmauern verschließt und nur selten Einblicke in seine Psyche gewährt. Demgegenüber gilt sie aber als treu und zuverlässig, ehrlich, verantwortungsbewußt, besonnen und ausdauernd.

In der chinesischen Mythologie wird der Steinbock dem Hahn gleichgesetzt. Beides sind Tiere, mit denen der Mensch seit Urzeiten zu tun hatte – von Steinbock und Gemse stammt die Hausziege, vom Vorzeithahn der Haushahn ab. Beide Tiere werden als störrisch und eigensinnig, als stolz und unnahbar betrachtet. Der Hahn hat seine Symbolform in unzähligen Märchen, Wappenbildern usw. gefunden – als Wetterhahn, Wehrhahn, Wecker und Warner. Das Gehörn des Steinbocks gilt noch immer – trotz oder gerade wegen seines Seltenheitswertes – als begehrte Sammlertrophäe. Beiden wird aber auch zugeschrieben, daß ihre

Besonnenheit in unberechenbare Streitlust umschlagen kann. Hahnenkämpfe sind dafür ein Beispiel und auch das, sicher nicht völlig erfundene, Jägerlatein vom Zweikampf zwischen Jäger und Bock, der in auswegloser Situation nicht selten zugunsten des zu allem entschlossenen Tieres entschieden worden sein soll.

Es liegt nahe, daß der eigenbrötlerische Steinbock dazu neigt, sich selbst eine eigene Welt aufzubauen, in der er oft genug und recht gut ohne andere Menschen leben kann. Er ist also ein Demiurg, ein Weltenschöpfer, vergleichbar der alten Mutter Erde und ihrer Ausformung im Märchen, der Frau Holle, die mit ihren Himmelswolken den Schnee ausschüttet und so die Form und Gestalt der Erde unter sich ständig verändert.

Die Worte Holle, Hölle und Höhle weisen noch auf die ursprünglich gemeinsame Wurzel in ihrer Bedeutung hin. Im Inneren der Erde, in Höhlen hausend, stellten sich die frühen Menschen ihre große Schöpfungsmutter vor und brachten ihr dort Opfer. Das aufkommende Patriarchat (besonders im Christentum) wies ihr bei der Unterwerfung mutterrechtlicher Strukturen die heutige negative Rolle in der Unterwelt zu. Noch die Germanen verehrten sie nämlich als Hel, die machtvolle Göttin des Totenreiches, wovon noch Namen wie Helgoland und Hel-Stein (Stonehenge) oder Holstein künden. Später erst wurde des Teufels Großmutter aus ihr, die in der Hölle zu Hause ist.

In solchen Märchen spiegeln sich die Ängste von Menschen wider, die insgeheim doch noch an die Urmacht der Erde glauben und auch wohl Schuldgefühle gegenüber der gequälten »mother earth« empfinden – denn wie gehen wir schließlich mit ihr um?

Noch einmal zurück zum Steinbock. Kann sich ein so eigensinniger Charakter wie er überhaupt transformieren? Ja, er kann, aber nur, wenn er größte Anstrengungen unternimmt, dem Gefängnis seines Ichs zu entkommen, und sich intensiv dem Leben, dem lebendigen Anderen zuwendet.

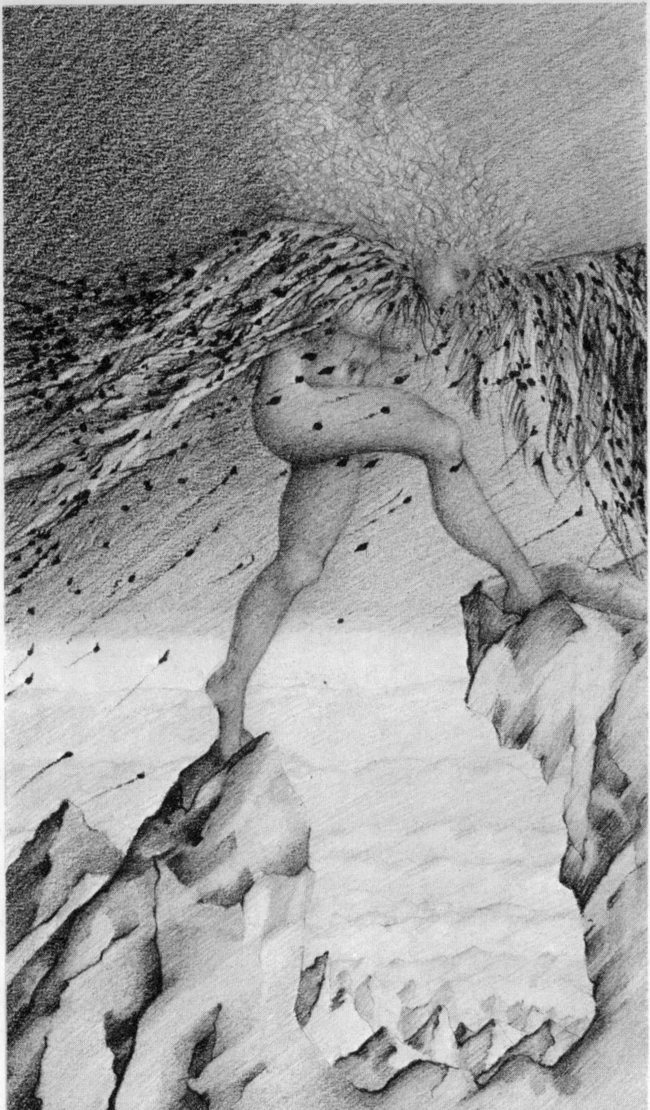

Der Steinbock-Traum

Ich träumte, ich hätte mich in eine Hütte in den Bergen zurückgezogen, um dort ein Buch zu schreiben: Spät nahte der Winter dieses Jahr, aber alle Anzeichen sprachen dafür, daß er hart und lange andauern würde. Ich hatte viel Holz geschlagen und vor der Hütte gestapelt, auch reichlich Vorräte aus dem Dorf mit hinaufgenommen, um mich entsprechend vorzubereiten. Jeden Morgen trat ich vor die Tür, spähte zum Felsmassiv, das wie ein gewaltiges schlummerndes Tier mit gezackten Rückenflossen dalag, schon weiß an den Spitzen, aber grün und dunkel die Falten ins bewaldete Tal hinab. Und ich blickte prüfend zum Himmel. Versprachen die Wolken Schnee, würde es Winter werden? Noch täuschte die Sonne mit glänzenden Strahlen, noch schmolz der Morgenreif unter ihrer Wärme dahin. Aber Maus und Igel, Murmeltier und Salamander hatten sich bereits in ihre Winterbauten zurückgezogen. Sie ahnten das Kommen der großen Kälte eher als die Menschen.
Es war einsam geworden hier oben. Selten noch kamen Sennbauern vorbei, letzte Vorsorge für ihre Höfe zu treffen, bevor auch für sie der stille Abschnitt des Jahres begann. Um so mehr überraschte es mich, eines Morgens eine alte Frau almaufwärts wandern zu sehen. Sie stapfte langsam und bedächtig an meiner

Hütte vorbei, ohne mich, der ich im Schatten des tiefgezogenen Daches stand, eines Blickes zu würdigen. Dabei sang sie leise ein Lied:

Lomo heiß ich,
Steine beiß ich
aus dem nackten Fels heraus,
Alpen sä' ich,
Wolken näh ich,
bau mir draus ein Haus,
schaffe Wälder und das Feld,
gehe formend durch die Welt,
lieb das Wetter und den Wind,
weil es meine Kinder sind.
Lomo heiß ich,
Spalten reiß ich
in die Gletschereinsamkeit,
Berge füg ich,
Täler drück ich,
dafür hat die Lomo Zeit.

Verwundert schüttelte ich den Kopf. Was war das für eine seltsame Alte? Was bedeutete ihr absonderlicher Gesang? Die Worte hatten mich neugierig gemacht. Ich ging ihr nach, folgte ihr magisch angezogen, stieg wie sie die Hänge hinauf. Immer weiter wanderte die Alte, ohne stehenzubleiben oder sich umzusehen. Wo wollte sie hin? Gab es da oben, so weit entfernt von jeglicher menschlichen Ansiedlung, eine Behausung? Sie schlug den Kammweg zum Felsmassiv ein, und ich mußte mich gehörig sputen, um Schritt zu halten und sie nicht aus den Augen zu verlieren. Schließlich langten wir unterhalb des Tannerjochs an. Aber die Alte machte nicht halt. Weiter schritt sie mit kräftig ausholendem Gang dem Gipfel zu. Hier wurde es steil. Man mußte klettern, sich mit den Händen stützen und sich aufmerksam auf den steilen Pfad konzentrieren, der nur aus allernächster Nähe zu erkennen war, eine natürliche, wild zerklüftete Treppe im Fels. Längst hatten wir die Baumgrenze hinter uns gelassen, waren in Zonen des ewigen Eises gelangt und immer mühsamer wurde der Aufstieg, über glattes, verharschtes Gestein. Dann, auf windiger Plattform, hielt die Alte inne. Als ich endlich herangekommen war, saß sie im Schnee auf einer Art Felsnase, die weiten Einblick in die jenseitigen Täler bot. Scheu blieb ich stehen und beobachtete ihr seltsames Treiben. Sie hatte die Arme erhoben und strich mit den Händen in der Luft herum. Dabei brabbelte sie unaufhörlich vor sich hin: »Geh nach Süden, Junge, grüß mir die dunkelhäutigen Wesen, laß sie wie fröhliche Kinder sein, streich nach Westen, Wildfang, kräusel die Wellen jenseits der Küste, troll dich nach Osten, Sprößling, lehre die Wölfe das Frieren, mach dich bereit, Söhnlein, die Kälte im Norden zu fangen ...

hole
vom nördlichen Pole
den Schnee und den Frost,
bring
von den Fjorden
im eisigen Norden
den Winter nach Ost.

Was trieb die Alte hier? Was sollte ihr Singsang bedeuten? Jetzt faßte sie wieder in die Luft, und es sah so aus, als griffe sie sich eine vorbeitreibende Wolke; jedenfalls war plötzlich eine dunkle, graue Schicht vor der Sonne, die mich frösteln ließ. Die Alte stand auf und begann die Wolke zu kneten und zu rupfen. Immer wieder nahm sie ein Stück und warf es dies-

seits und jenseits in die Täler hinab. Schlagartig quoll fransiger, flaumiger Nebel auf.
Sofort machte ich mich auf den Rückweg. Bei solchem Wetter wollte ich nicht riskieren, mich in nebliger Bergwelt zu verirren. Erschöpft und schweißnaß vor Anstrengung kam ich zu meiner Hütte zurück. Welch seltsamen Schauspiels Zeuge war ich gewesen! Ich saß lange am Feuer und dachte darüber nach.
Am nächsten Morgen sah ich sie wieder, die alte Lomo, wie sie am gegenüberliegenden Hang stand und sich an den Bergen zu schaffen machte. Ich beobachtete – soweit das aus der Entfernung ging –, wie sie mit einer Hand in die Almwiese griff, während sie mit der anderen über den Scheitel der Berge strich. Ich weiß, das klingt unglaubwürdig, aber es war wirklich so. Ihre Arme, ihre Hände, überhaupt ihr ganzer Körper hatten sich riesenhaft ausgedehnt. Wie Säulen aus Granit standen ihre Beine über dem Tal, während sich ihr Kopf bereits in den Wolken befand. Ihre Hände aber glitten streichelnd über die Bergwelt, und wo sie hinpackte, änderte die Landschaft fast unmerklich ihre Gestalt: Hier wurde ein Waldbuckel runder, dort ein ohnehin bereits steiler Gipfel spitzer, und da und dort erschienen Falten im Massiv, wo früher mit Sicherheit keine gewesen waren.
Rasch holte ich Papier und Feder, um die erstaunlichen Änderungen in Skizzen festzuhalten. Aber es gelang mir nicht. Zu schnell vollzog sich der Wandel, kaum spürbar auch, man mußte die Gegend schon sehr genau kennen und außerordentlich scharf hinsehen, um zu bemerken, was da plötzlich anders geworden war.
Den ganzen Vormittag über sah ich ihr bei diesem Schaffen zu. Schließlich schien sie zufrieden mit

ihrem Werk zu sein. Sie stemmte die Arme in die Hüften und sah sich prüfend um. Nachdem sie auf menschliche Größe zusammengeschrumpft war, kam sie den Weg herauf zu meiner Hütte. Mir war die Sache ein wenig unheimlich, und so floh ich hinein und verriegelte hinter mir die Tür. Ich hörte sie draußen singen:

Lomo heiß ich,
Felsen reiß ich,
jag den wilden Wasserfall,
Hügel bieg ich,
Bäume knick ich,
mit dem Wind im Tal.
Lomo heiß ich,
Steine schmeiß ich
jedem bösen Menschen nach,
schlaf auf Gipfeln,
wohn in Wipfeln,
und der Himmel ist mein Dach.

So sang sie, aber entfernte sich nicht von meiner Tür. Ich spähte vorsichtig aus dem Fenster. Da war die alte Frau verschwunden, und statt ihrer saß eine Alpendohle auf der Schwelle, die hielt den Kopf schief und blinzelte mich aus klugen Augen an.

Vor einem Vogel brauchte ich nun keine Angst zu haben, und so öffnete ich die Tür. Sofort hüpfte die Dohle herein und setzte sich zum Wärmen an den Kamin. Ich holte ein Schälchen frisches Wasser und warf ihr Brotkrumen hin. Sie trank und pickte dankbar die Krümel. Nach einer Weile, in der wir beide nachdenklich am Feuer gesessen hatten, hüpfte sie wieder zur Tür. Ich öffnete, und sie flog davon und keckerte mir ein Dankeschön zu. Ich blickte ihr nach, sah, wie sie bis zum nächsten Gipfel flog, dort landete und augenblicklich danach verschwunden war. Kurz darauf erkannte ich die Gestalt einer alten Frau, die von gleicher Stelle aus weiter bergwärts ging. Da wußte ich, daß ich Lomo, die Alpensängerin, zu Gast gehabt hatte und daß sie von Stund an mir wohlgesonnen war.

Am nächsten Tag drangen überraschende Laute an mein Ohr. Vom Tal her dröhnte wilder Gesang, und als das Getöse nahe genug heran war, erkannte ich drei Wanderer, die steuerten direkt auf meine Hütte zu.

»Holla«, rief der erste, »wohnt da jemand?«

»Hollaholla«, der zweite, »wenn ja, dann ist es ein guter Platz zum Rasten und Ausruhen!«

»Holladrio«, rief der dritte, »vielleicht gibt es auch etwas zum Essen und Trinken, ich habe schon lange kein Wirtshaus von innen gesehen!«

Obgleich ich schon seit Wochen keine Gäste mehr gehabt hatte und mir die drei vom ersten Moment an unsympathisch waren, ließ ich sie ein. Sie setzten sich lärmend ans Feuer und genossen Wein, Brot und Käse, den ich mit ihnen teilte. Es waren arge Nichtsnutze, das stellte sich bald heraus, rauhe Gesellen ohne Gefühl, die aus der Stadt gekommen waren, um Gipfel zu stürmen und Berge zu erobern, wie andere Briefmarken sammeln.

Als ich den ersten fragte, was er wohl mit dem Messer im Gürtel wolle, da lachte er nur und sagte: »Unterwegs Kerben in die Rinden der Bäume schneiden, zum Zeichen, daß ich dagewesen bin.«

Der zweite legte eine Pistole auf den Tisch, und als ich ihn fragend ansah, sagte er: »Damit will ich Murmeltiere schießen, man zahlt für die Felle viel Geld in der Stadt.«

Und der dritte holte grinsend eine Schlinge und einen Käfig aus seinem Rucksack. »Willst du wissen, was ich damit vorhabe?« fragte er höhnisch und gab gleich selber die Antwort: »Alpendohlen fangen, weil es possierliche Tierchen sind, die sich gut ausstopfen lassen als Souvenir aus den Bergen.«
Mir graute es, und heimlich beschloß ich, die Kerle mit einem Vorwand aus der Hütte zu locken, um ihre unerträgliche Anwesenheit endlich loszuwerden.
»Wollt ihr das beste Gebiet für euer Vorhaben wissen?« fragte ich und machte eine bedeutungsvolle Miene. Die Kerle fielen darauf herein. Sie folgten mir vor die Hütte. Ich deutete mit der Hand zum Tannerjoch hinauf und weiter zu jener Felseneinsamkeit, in der ich neulich die alte Lomo beim Gespräch mit den Winden belauscht hatte. »Dort oben gibt es reichlich Murmeltiere«, sagte ich, »man stolpert fast über sie. Und Alpendohlen, so zutraulich, daß man sie mit den bloßen Händen fassen kann. Kein Mensch ist da um diese Zeit, die Tiere haben die Scheu verloren und werden sicherlich leichte Beute sein.«
»Phantastisch«, sagte der eine und jodelte voll Begeisterung lauthals ins Tal. Das Echo seiner Stimme prallte an den Felswänden ab und rollte mehrfach zurück. Jetzt machten sich die drei Kerle einen Spaß daraus, um die Wette zu brüllen. Immer unflätiger wurden ihre Rufe, und die Berge gaben ihre häßlichen Worte als Echo zurück. Es ekelte mich. Es war mir, als würde die Welt um mich herum auf gröbste Weise entweiht.
Ich verabschiedete mich hastig von meinen lästigen Gästen und zog mich verärgert in die Hütte zurück. Eine Weile noch hörte ich sie draußen randalieren, dann zogen sie weg, den Weg zum Gipfel hinauf.

Ich setzte mich enttäuscht und wütend an den Kamin und wollte soeben beginnen, das Erlebte Wort für Wort niederzuschreiben, als ich ein Kratzen und Scharren an der Tür vernahm. Zuerst dachte ich, es sei ein entlaufener Hund. Ich öffnete die Tür und erschrak, denn vor mir stand ein kräftiger Gemsbock. Noch nie hatte sich ein solches Tier bis hier herunter vor meine Behausung verirrt.

Der Bock sah mich auffordernd an und hüpfte ein paar Sprünge zur Seite. Dort blieb er stehen und beobachtete mich. Kam ich näher, so wiederholte sich das Spiel. Kein Zweifel, er lockte mich auf den Pfad, er wollte mir etwas zeigen. Ich zog mir hastig die warme Jacke und Handschuhe an, stülpte mir die Mütze über den Kopf und folgte ihm in die Berge. Der Bock sprang von Klippe zu Klippe und wartete ab, bis ich ihm mühsam nachgeklettert war. Unterwegs traf ich auf Bäume, die bluteten Harz aus frisch geschlagenen Kerben. Es war die Spur der herzlosen Kerle. Schließlich erreichten wir den Steilhang unterhalb des Tannerjochs. Und dort in der Bergeinsamkeit wurde ich Zeuge eines bewegenden Dramas:

Der Bock war vorausgesprungen und auf die drei Männer gestoßen. Auf schmalem Grat stellte er sich ihnen unmittelbar in den Weg. Da zog der erste erschrocken sein Messer und führte einen Hieb gegen das Tier. Aber im gleichen Augenblick als die Klinge niedersauste, war der Bock verschwunden. Statt dessen flatterte eine ungewöhnlich große Alpendohle auf.

»Verdammte Nebelkrähe!« fluchte der zweite und feuerte seine Pistole ab. Zum Glück ging der Schuß daneben. Nur das Echo, das an dieser Stelle besonders deutlich war, rollte als Donner zurück. Mit dem Echo aber kamen noch andere Töne heran, grollend, rumorend,

aus den innersten Tiefen des Berges. Ich hatte ein solches Geräusch schon einmal gehört und warf mich neben dem Felsbuckel in eine schützende Mulde.
Lauter und lauter wurde das Grollen, und als ich den Kopf hob, sah ich eine Lawine direkt auf uns zustürzen. Ein gewaltiger Strom aus Schnee, Eis und Geröll traf auf die Männer, hüllte sie ein und riß sie mit. Ich sah sie wie Spielzeugfiguren durcheinanderpurzeln, über den Abgrund fliegen und für immer im jenseitigen Tal verschwinden. Hier war jede Hilfe sinnlos, zu steil waren die Felsen, zu tief das Tal mit seinen abgelegenen Gletscherspalten. Voll Grausen wandte ich mich ab und machte mich auf den Rückweg.
Drei Tage lang blieb ich in der Hütte, um über alles nachzudenken. Der vierte zwang mich hinaus, frisches Holz für den Ofen zu holen. Da sah ich sie wieder, die alte Lomo, sah sie wie ein junges Mädchen über die Almhänge tanzen. Sie hatte die Arme ausgebreitet und wirbelte ein weißes Tuch durch die Luft. Aus dem Tuch aber begann es zu schneien, kräftige, dicke Flocken zuerst wie schwebende Flaumfedern, dann immer dichter, ein weißer, wirbelnder Vorhang aus Schnee. Die Alte tanzte noch immer.
Dann hüllte Schneetreiben sie ein. Ich ging in die Hütte zurück und beschloß, noch am gleichen Tag einen Futterplatz für die Vögel zu bauen. Die alte Lomo aber habe ich von da an nie wieder gesehen. Doch sooft ich daran denke, habe ich in der Erinnerung, wie sie tanzend sang:

Lomo heiß ich,
eines weiß ich:
Winter deckt die Lande zu.
Tiere schon ich,
Gutes lohn ich,

bring den Bergen ihre Ruh.
Selten hat man mich erkannt,
werde Lomo nur genannt,
bin das Schicksal weit und breit,
bin das Alte, bin die Zeit.

Die Wassermann-Symbolik

Wassermann (21. Januar-19. Februar) ... Nach diesem Tierkreiszeichen nennt sich ein ganzes Zeitalter – das 1962 begonnene »Age of aquarius«, und der Begriff steht für ein umfassendes Programm: Es geht um die große und grundsätzliche Umwandlung aller Werte, die gesamtgesellschaftliche Transformation.

In der Mundan-Astrologie, die die Tierkreiszeichen den tatsächlich am Himmel vorhandenen Sternzeichen angleicht, existiert eine sogenannte Zeitalter-Lehre. Mit ihr wird unsere irdische Geschichte in Zeitabschnitte von ca. zweitausend Jahren eingeteilt. Jeder Abschnitt bekommt dabei ein schicksalhaftes Leitmotiv zugeteilt, das sich aus dem Sternbild des Tierkreiszeichens ergibt, in dem sich jeweils der Frühlingspunkt befindet (er verschiebt sich in der Tat etwa alle zweitausend Jahre um ein Sternbild).

Und was bedeutet es nun konkret, was bringt es uns, das Zeitalter des Wassermanns? Schon in sehr alten Darstellungen wird er als Weiser dargestellt, der Wasser aus einem Krug ausgießt. Ist es das geheimnisvolle »Wasser des Lebens« oder – wie manche Symbolforscher eher vermuten – ein Sinnbild für Wissensvermittlung? Sicherlich ist hier Wasser mehr als Analogie zu verstehen. Der Wassermann zählt zu den Luftzeichen, was darauf hindeutet, daß sich in seinem nie

leer werdenden Krug etwas befindet, das sich nur schwer in Bilder umsetzen läßt – der reine Geist nämlich.
Übertragen wir die alten Wassermann-Darstellungen nun in moderne Begriffe (und dies ist im »Age of aquarius« angebracht), so erhalten wir den Taucher der in die unbekannten Tiefen der See und der Psyche hinabtaucht – oder den Astronauten, der das gleiche in den unendlichen Weiten des Weltalls unternimmt. Taucher und Psychotherapeut, Astronaut und Yogi ... verschiedene Falten ein und desselben Gewandes ...
In der Symbolik wird dem männlich-aktiven Zeichen Wassermann der Uranus zugerechnet. Dabei handelt es sich um den alten griechischen Himmelsgott, den Gatten und zugleich Sohn von Gäa, der Erdmutter. Der Planet selbst war in der Antike noch nicht bekannt. Er wurde erst 1781 entdeckt. Auf das Tierkreiszeichen aber bezogen galten damals wie heute die gleichen symbolischen Wertzuordnungen: Wendepunkte, plötzliche, grundlegende Veränderungen, originell, genial, selbständig, freiheitsliebend. Im Zeichen des Wassermanns tauchen die großen ideenreichen Reformer auf und natürlich auch die sprunghaften Phantasten.
Diese Zeit erzeugt unüberbrückbar scheinende Widersprüche: Raumfahrt und Hippiebewegung, Mikroelektronik und New Age, neue Innerlichkeit und Holographie. Und dennoch scheint im »Age of aquarius« auf magische Weise alles mit allem verbunden zu sein. Physik und Metaphysik nähern sich an, der Gegensatz von Ökonomie und Ökologie löst sich auf, aus allen Bereichen heraus werden Brücken geschlagen, die die Spaltung des Weltbildes in Natur- und Geisteswissenschaften überwinden helfen. Interdis-

ziplinäres, synergistisches Denken und Handeln ist angesagt, Thesen und Antithesen sind weniger gefragt als die kühnen, neuen Synthesen, die daraus erwachsen können.

An all dem ist der Wassermann persönlich interessiert. Kein anderes Tierkreiszeichen ist so stark wie er z. Zt. an der Entwicklung und weiteren Ausformung des Menschheitsweges beteiligt. Und woraus schöpft der Wassermann sein Wissen? Nicht aus sich selbst heraus, sondern mehr im Sinne eines Mediums, vom ewigen Quell, vom fließenden Geiststrom, der eigentlich allen zur Verfügung steht. Doch nicht jeder macht sich die Arbeit und Mühe, schöpfen zu gehen und von dort die gefüllten Krüge zu den Menschen zu tragen.

»Wasserträger« ist ein Wort mit leicht abwertendem Beigeschmack. Dabei wird heute echter Wissensfortschritt kaum noch von einzelnen, genialen Superdenkern erreicht, sondern im Team, wo eine Vielzahl fleißiger »Wasserträger« erforderlich ist, um die großen, neuen Gedanken sichtbar und plastisch begreifbar werden zu lassen.

Der Wassermann-Traum

Ich träumte, ich wäre in äußerst geheimer Mission unterwegs: Als erster UNO-Beauftragter im All hatte ich einen sonderbaren Auftrag auszuführen. Nämlich Kontakt zu jenen außerirdischen Intelligenzen aufzunehmen, deren Signale man in letzter Zeit immer häufiger empfing. Was war von diesen Signalen zu halten? Nun, die Wissenschaft hatte lange gerätselt, verschiedene widersprüchliche Theorien über die Herkunft aufgestellt und schließlich umfangreiche Forschungsprogramme gestartet. Die jüngsten Ergebnisse – soweit sie überhaupt bekannt wurden – waren ebenso verwirrend wie vieldeutig. Einige Verantwortliche an maßgebender Stelle zeigten sich regelrecht bestürzt. Gab es also doch noch andere Lebewesen im Weltraum, eine fremde, unbekannte Rasse im All? Und wenn ja – war sie friedlich oder uns feindlich gesinnt? In welcher Form sollte man mit ihr in Verbindung treten?

Schließlich hatte die IFAK, die Internationale Forschungsgesellschaft für Außerirdische Kommunikation, aufgrund neuester, nicht mehr zu leugnender Ergebnisse durchgesetzt, daß die UNO einen Sonderbevollmächtigten in Sachen intergalaktischer Kontaktaufnahme ins All entsenden sollte. Die Wahl war auf mich gefallen. Warum eigentlich? Ich wußte es nicht. Ich war unter zweitausend Testpersonen ausgesucht worden, hatte die ausgeklügelten Psychotests mit Abstand am besten absolviert. Man war der Meinung, daß ich neben den gewünschten technischen Fähigkeiten und diplomatischem Geschick offenbar eine mediale Begabung besaß, die der großen Aufgabe dienlich sein konnte.

Zugegeben, ich war manchmal hellsichtig und konnte Gedanken lesen – aber war das allein Grund genug? Über das sogenannte »dritte Auge« verfügen doch heute viele. Besonders bei Kindern unter sieben hatte man in letzter Zeit solche Begabung festgestellt, und alles sprach dafür, daß eigentlich jeder Mensch, wenn er nur sensibel genug ist, über die Fähigkeit verfügt, Psi-Signale wahrzunehmen.

Jedenfalls schwebte ich nun im All, glitt traumwandlerisch leicht mit meinem Astralboot durch die Weiten der Milchstraße und hatte die besten Computer der Welt an Bord, sogenannte Kyberlogics, eine völlig neue Generation von Denkmaschinen, die sich erheblich von der primitiven Mikroelektronik auf der Erde unterschieden. Gegenüber den aggressiven Kampfspielen dort wie »Invasion aus dem Weltall« und »Krieg der Sterne« waren meine Kyberlogics das reinste »Glasperlenspiel«. Kein Impuls gab sofort eine Antwort, sondern schaltete sich hoch in ein weitverzweigtes Netz neuer Fragen, die nur im geschlossenen Kreislauf zu sinnvollen Ergebnissen führten.

Mit ihrer Hilfe und meinem Instinkt war es mir gelungen, die bekannte Atmosphäre zu verlassen und weiter in den Weltraum vorzustoßen, in die Noosphäre hinein, jene Sphäre des Geistes, die wie ein unsichtbarer Ring aus Wissen rings um unsere Erde liegt. Dort sollte sich der erste Teil meiner Aufgabe erfüllen.

Anfangs war es mir wie einem durstigen Tier ergangen, das fühlt und riecht, daß Wasser in der Nähe sein muß, auch wenn es noch weit davon entfernt ist. Und dann war ich zur Quelle gekommen.
Natürlich war da nichts, aber dennoch merkte ich sofort: In diesem scheinbaren Nichts befand sich alles. Wissen, Weisheit und Liebe hüllten mich ein, drangen sacht durch alle Poren in mein Innerstes, berührten mein Hirn, mein Herz, meine Seele. Und plötzlich hatte ich eine Grenze überschritten. Ich war ganz.
Ich hörte auf, ein eigenständiger, abgetrennter Teil zu sein mit zappelndem Ego, das blindwütig gegen das übermächtige Ahnen von Ganzheit ankämpft. Es war ein leichter, schmerzloser Übergang und ganz und gar ohne Furcht, so wie man eine Tür durchschreitet, eine Tür, die aus dunklem Gefängnis ins strahlende Licht der Freiheit führt. Und schon beim Überqueren der Schwelle spürte ich, daß ich eigentlich mehr war, viel mehr, als ich immer gedacht hatte. Ich war ein Teil der Einheit, ein klarer, leuchtender Teil des großen Lichts. Und je weiter ich freudig ging, desto deutlicher wurde für mich die Wahrheit. Denn in der Tat ist auch die Wahrheit eins und nicht zu unterteilen. Was wir als ›subjektive Wahrheiten‹ betrachten, sind nur die unterschiedlichen Schwingungen verschiedener Filter.
Und dann begann etwas mit mir zu sprechen. Ja, so seltsam es klingt, ich hatte ein langes Gespräch mit Gott. Ich sage bewußt ›Gott‹, weil mir einfach kein besserer Name dafür einfällt. Man könnte auch ›großer Geist‹ sagen oder noch andere Bezeichnungen finden, aber ›Gott‹ trifft die Sache irgendwie am besten. Ich sprach also mit Gott, oder mit mir selbst, was in diesem Zustand das gleiche war. Die Antworten

kamen von selbst, verblüffend einfach und einleuchtend, alles, was ich wissen wollte, alles, was es zu wissen gab.

Es war wunderbar, sich in diesem Wissen auszubreiten wie in einem grenzenlosen warmen Ozean. Ich hörte auf, allein zu sein, und wurde all-ein. Ja, das war die wirkliche Heimat, etwas auf wunderbare Weise uralt Vertrautes. Würde ich für immer hier bleiben dürfen, wunschlos schwebend in glückseliger Zufriedenheit? Unruhe erfaßte mich, erst Ahnung, dann schreckliche Gewißheit: Nein, ich würde zurückkehren, ich mußte zurück zur Erde. Und damit begannen die Probleme.

Wie sollte ich die allumfassende Botschaft der Menschheit übermitteln, überhaupt mit Worten beschreiben, was Unbeschreibliches mit mir geschehen war? Sollte ich künftig als Wanderprediger, in Gleichnissen redend, über die Erde wandeln? Nein, lieber keine neue Religion, sie würde nur ein Abklatsch, eine weitere Variante zu den bestehenden sein. Außerdem erwartete die IFAK etwas anderes von mir, Resultate, die dem Ernst unserer Lage angemessen waren. Denn die Erde brauchte Veränderung, den großen, deutlichen, alles heilenden Wandel. Aber würde sie meinen Rat freiwillig annehmen?

Es gab die IFAK, die UNO, die Forschungszentren, überhaupt aufgeschlossene Wissenschaftler und Menschen mit höherem Bewußtseinsniveau. Aber es gab schließlich auch die vielen Staats- und Regierungschefs, das Millionenheer machthungriger Politiker überall auf winzigen Flecken, die man immer noch souveräne Staaten nennt. Was also tun?

Ich schaltete die Kyberlogics ein. Seltsam, seit ich in dieser gewissen Zone war, funktionierte nichts mehr richtig. Irgendwas war auch in den Gehirnen der Maschinen durcheinandergeraten. Sie gaben erstaunliche Geräusche von sich. Plötzlich begann das Astralboot zu zittern und zu schwanken. Vor mir in der Kabine wuchsen merkwürdige, altertümliche Bauwerke: Cambridge in der ersten Hälfte des zwanzigsten Jahrhunderts. Auf dem Hof der ehrwürdigen Universität standen ins Gespräch versunken zwei ältere Herren – der Mathematiker Sir James Hopwood Jeans und der Direktor der hiesigen Sternwarte, Sir Arthur Stanley Eddington. Beide beschäftigten sich mit Physik, und beide versuchten, dem letzten Geheimnis der Materie auf die Spur zu kommen. »Der Stoff der Welt ist Geist-Stoff«, sagte Sir Eddington, »aber dieser Geist ist nicht gleichmäßig ausgebreitet in Raum und Zeit. Nur da und dort erhebt er sich zur Höhe des Bewußtseins, doch von solchen Inseln kommt alles Wissen ...«

Sir Jeans nickte mehrmals bedächtig mit dem Kopf. »Man könnte auch sagen«, ergänzte er, »der Strom des Wissens fließt einer nicht-mechanischen Realität entgegen. Das Universum gleicht mehr einem mächtigen Gedanken als einer Maschine. Dabei scheint der Geist nicht ein zufälliger Eindringling in den Bereich der Materie zu sein. Wir sollten ihn eher als Schöpfer und Lenker der Materie begrüßen ...«

»Genau das sage ich doch«, brummte Eddington und schrak heftig zusammen, als direkt vor seinen Füßen ein Schwarm Tauben flatternd aufstieg. Jeans bekam von alldem nichts mit, gedankenversunken zog er ein Blatt Papier aus der Jackentasche und reichte dem Kollegen die Ergebnisse seiner neuesten Berechnungen.

Endlose Zahlenkolonnen füllen den Raum meiner Kabine. Zahlen waren das, was ich nun am wenigsten

vertragen konnte. Nach all dem, was passiert war ... Wieder schwamm ein neues Raumbild heran:
Fruchtbares Land, saftige Äcker und duftende Gärten am Fuße des Poseidonhügels gleich hinter Athen, wo das Töpferviertel liegt und sich der Bach Kalirrhoe durch eine idyllische Landschaft windet. Zwischen Platanen und Quellen, eingesponnen in das Sommerkonzert der Zykaden, sitzt Plato im Kreis seiner Schüler und zitiert aus seinem neuen Buch. Das Buch heißt »Der vollkommene Staat«, und die Mitglieder der Akademie lauschen gebannt der Stimme des Meisters, der da unerhörte Dinge äußert: »Es gibt keine Rettung für Staaten und Menschen, wenn nicht entweder die Philosophen Könige werden oder die, welche jetzt Könige und Staatsmänner heißen, echte und gründliche Philosophen ...«
Lachen brach durch die andächtige Stille, das Raumbild begann zu zittern, verzerrte sein Interferenzmuster. Ein freundlicher Herr mit schütterem Haar und Lachfältchen um die Augen tauchte auf. Es war der britische Biologe Sir Julian Huxley, gerade vom Generalsekretär zum Direktor der UNESCO befördert – ein Zeitsprung um eintausendsechshundert Jahren. Huxley hob warnend den Finger. »Die neue Welt, die er schaffen wollte, blieb ein Buch. Denn solche Führerschaft ist nicht jedermanns Sache!« sagte er und blinzelte mich prüfend an. Er war plötzlich sehr ernst geworden. »Der Glaube an einen übernatürlichen Lenker von absoluter Weisheit und absoluter Autorität, verbunden mit der Unkenntnis über die Wirkungsweise des Unbewußten, gibt Diktatoren, Moralfanatikern und anderen Machtgierigen die Möglichkeit, ihr subjektives Gefühl der inneren Überzeugung für die ›wirkliche‹ Stimme eines objektiven und

transzendenten Gottes zu halten und auf die göttliche Leitung und Bestätigung zu pochen, um so auf bequeme Art Machtgelüste zu verstecken. Solche Menschen projizieren mit dem besten Gewissen ihre eigene Schuld und ihr bitteres Minderwertigkeitsgefühl auf die Feinde und reagieren ihren eigenen Sadismus an ihren Opfern ab.«
Ich nickte verwirrt. Recht hatte er. Aber ... wie war es nur möglich, daß die Kyberlogics plötzlich solche Bilder erzeugten? Ich dachte nach.
Vorerst blieb ich in gebührendem Abstand zur sogenannten Realität, blickte durch Dunst und Wolkenschichten auf die gequälte Erde hinab – ein blauer Ball mit milchigen Flecken. Schön und hilflos sah er aus von hier oben. Eine kleine, zerbrechliche Kugel, die dankbar die Sonne atmete.
Ich dachte nach. Der erste Teil meiner Mission, der scheinbar der schwerere war, hatte sich als einfach erwiesen. Aber der zweite, die Übermittlung zur Erde, würde wohl weitaus schwieriger, wenn nicht gar unmöglich werden. Mir war klar, daß die Menschheit einen Sprung tun mußte. Denn nicht die unterentwickelte Bewußtseinsstufe allein stellte das Problem dar, sondern vor allem die Unfähigkeit, sie als solche zu erkennen und richtig einzuschätzen. Zu weit klaffte die Schere zwischen Bewußtsein und Technik, zwischen Ganzheitserfahrung und Einzelwissen, zwischen rechter und linker Gehirnhälfte auseinander. Die Erde glich einem Wildreservat, in dem halbintelligente Affen mit technischem Spielzeug hantierten und sich daran erfreuten, daß ihre Maschinen immer Neues, Komplizierteres erzeugten.
Was also tun? Den Affen das Spielzeug nehmen?
Nein, ich hatte kein Recht dazu, die Menschen zu

ihrem Glück zu zwingen. Niemand hat dazu ein Recht.
Was also tun? Auch meine Kyberlogics gaben auf diese Frage keine Antwort. Sie rotierten im eigenen Schaltkreis. Und unter mir lag die Möglichkeit zum Paradies.
Über der Erde, ungefähr dort, wo Europa liegt, ballte sich ein Gewitter zusammen. Fließende Wolkenströme hatten ihre Farbe von silbrigem Weiß zu düsterem Grau gewechselt. Ich sah gewaltige Blitze zukken. Elektrische Spannung entlud sich im Raum. Konnte nicht ein solcher Blitz Erleuchtung für alle bringen? Wie lange muß die Erde noch unruhig schlafen?
»Am Anfang war das Wort« kam mir in den Sinn. Und schlagartig wurde mir klar, wie sehr dieser Satz immer noch stimmt. Mit welchen Worten als Geschenk sollte ich zurückkommen, wie weckt man träumende Kinder?
Noch einmal meldeten sich die Kyberlogics. Der Ganges, Indiens uralter Strom, flutete durch meine Kabine. An seinem Ufer stand ein kahlköpfiger Mönch mit einer runden, randlosen Brille. Es war Mohandas Karamtschand, genannt ›Mahatma‹, Gandhi. Er sprach zu einer zehntausendköpfigen Menge.
»Ein jeder muß Lehrer werden, aber zuvor die Wandlung zum Wissen an sich selbst vollbringen«, sagte er, und wieder durchwehte mich das Gefühl der Ganzheit wie vorhin in den Inseln des Lichts.
Und plötzlich wußte ich. Ich schaltete die Kyberlogics ab. Ich schaltete überhaupt die Logik aus. Ich würde einfach sein, was ich war. Ohne Berechnung und Wollen. Ich war bereit zum Leben.

Die Fische-Symbolik

Wohl das passivste, aber auch zugleich das gefühlstiefste aller Tierkreiszeichen (20. Februar-20. März). Mit ihm geht das astrologische Jahr zu Ende, das Jahr überhaupt in den alten Kalendern, das seinen Endpunkt und Neuanfang am Frühlingsanfang (21. März) findet. In ihm steigert sich das Wasserelement nach Krebs und Skorpion noch einmal zur Totalität. Ja, es scheint alle Zeichen in sich aufzunehmen und zu vereinigen. Diese Vielzahl wird in der Symbolik dadurch dargestellt, daß zwei Fische in entgegengesetzte Richtung schwimmen. Zudem trägt der eine als Kennzeichnung die weibliche Farbe Blau, der andere das männliche Rot. Diese Auflösung in Extreme, in die Vielheit aller Facetten und Möglichkeiten, ist als Voraussetzung für jeden Neubeginn unbedingt nötig; erst aus dem absoluten Chaos heraus kann ja neue Ordnung entstehen.

In der Astrologie werden dem Fische-Zeichen folgende seelischen Eigenschaften zugerechnet: an allem interessiert, empfindlich und mitempfindend bis zur Selbstaufgabe, die Vielfalt und den Wechsel liebend, rastlos, heimatlos, unentschlossen bis zum reinen Getriebensein. Zugleich erwächst daraus als Gegenpol aber auch ihre Sehnsucht nach Verschmelzung und Einheit, nach geistiger und sozialer Ordnung,

nach religiösen und humanitären Idealen.
Im kosmischen Weltenjahr wies der Frühlingspunkt zwischen 150 vor und 1961 nach Christus auf das Sternzeichen Fische. Es war der Zeitraum der christlichen Lehre und seines Symbols, des Fischs, der von den ersten Urchristen als Erkennungszeichen benutzt wurde. Glaubensbrüder zeichneten ihn in den Sand, in vielen Gleichnissen wird er zur Speisung der Hungrigen verwendet, Petrus der Fischer wird zum Vorbild der Missionstätigkeit, das Netz zum Sinnbild seines Tuns, mit dem es die wilden Menschenfische einzufangen gilt.
Der dem Tierkreiszeichen Fische zugeordnete Planet ist Neptun (erst 1846 entdeckt). Die Symbolik bezieht sich auf den römischen Gott des fließenden Wassers, den schon die alten Griechen unter dem Namen Poseidon verehrten. Allen patriarchalischen Gottesbildern zum Trotz liegt der Ursprung allerdings auch hier wesentlich tiefer, nämlich in einer weiblichen Wesenheit. Davon spiegeln die unzähligen Nixen und Nymphen, die Sirenen und Seejungfrauen, die weiblichen Quellgeister und großen zürnenden Meeresgöttinnen in den Märchen noch einiges wider.
In den Seemannslegenden wird das Meer stets als ewige Geliebte gedacht, Wasserstoff war es am Anfang, sagt die Physik, und nicht ohne Grund wird das Wasser als Lebensmittel Nummer eins bezeichnet.
In diesem grenzenlosen und eigentlich unfaßbaren Element sind die Fische zu Hause. Sie gehören zu jenen Charakteren, die am liebsten im Strom des Lebens aufgehen wollen, weil sie sich so am deutlichsten als Bestandteil der Menschheit fühlen. Daß daraus leicht Mystik entsteht, liegt auf der Hand.
Der Fische-Charakter ist geradezu prädestiniert für

Träume und Phantasien. Auch scheint er einen intensiven Zugang zu jenen Bereichen zu haben, die C. G. Jung »archetypische Vorstellungswelten« nennt – also die großen und kleinen Menschheitsträume, die sich in unserem Unterbewußtsein über Jahrtausende hinweg mit immer wieder den gleichen oder zumindest ähnlichen Bildern, Zeichen und Symbolen äußern ...

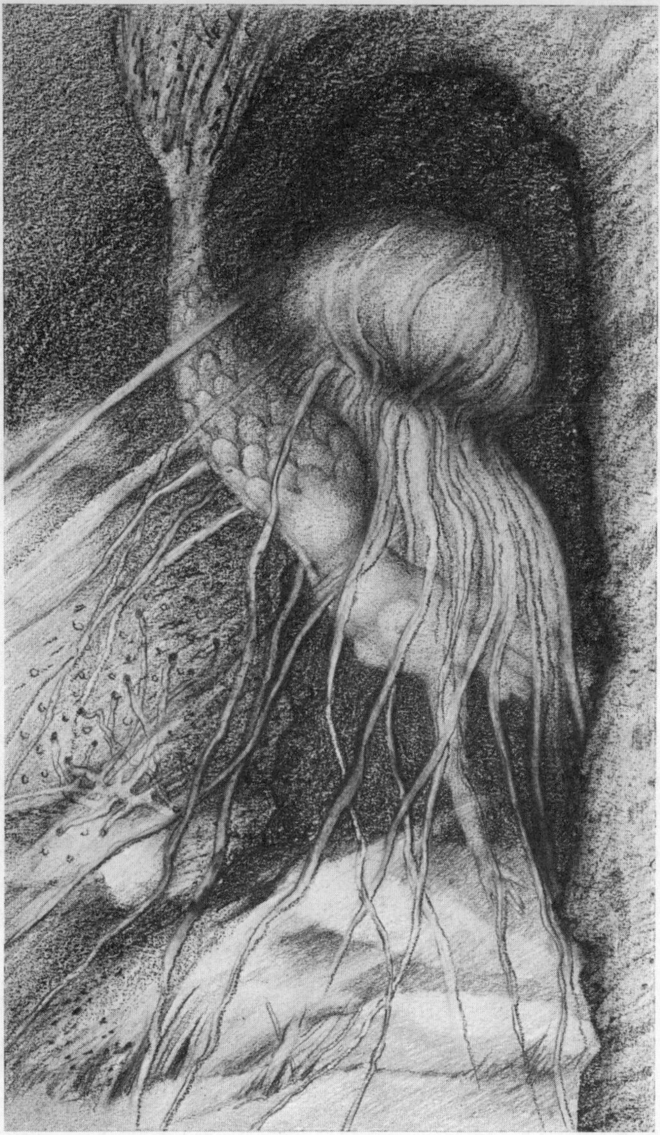

Der Fische-Traum

Ich träumte, ich stände am Strand und würde magisch vom Meere angezogen: Seichtes warmes Wasser umspülte meine Füße, und sanfte Wellen trugen Schaumkrönchen heran, die meine Knöchel umtanzten. Langsam ging ich weiter hinaus. Der Sand unter mir gab nach, er war weich und vom Wasser zu einem Relief aus rundlichen Rillen gewaschen. Jetzt reichte das Meer mir bis zu den Hüften. Ich ließ mich fallen und tauchte in eine Woge hinein. Als ich mit dem Kopf wieder zur Oberfläche stieß, hing mir das Haar wie ein Vorhang aus nassem Seegras vor den Augen. Ringsum glitzerte der endlose Ozean. Ich gab mich dem wiegenden Spiel der Wellen hin.

Plötzlich spürte ich, wie sich mein Körper auflöste. Die Arme glitten seitwärts davon, zwei helle Fische, die rechts und links neben mir schwammen, und auch meine Beine trieben dahin. Das Fleisch löste sich ab, die Knochen wurden geschmeidig wie Tang, mein Kopf war ein Seestern geworden, rot an der Oberseite und unterhalb blau. Es war nichts Schmerzliches dabei, ich blieb in allem und sah gleichzeitig von außerhalb zu.

Jetzt verloren die einzelnen Teile ihre erkennbare Form, flossen auseinander, lösten sich vollends auf. Ich war ein Schwarm klitzekleiner flinker Fische ge-

worden. Wir zogen dahin als quirlende Wolke, folgten dem warmen Strom auf seinem Weg nach Süden.
Da kamen mit einemmal größere Fische heran und begannen uns zu jagen. Schnell verwandelte ich mich in einen mächtigen Wal. Nun schwamm ich als riesige Insel aus Fleisch, die Augen dicht über dem Wasser, und stieß meterhohe Wasserfontänen aus. Von fern hätte man mich für eine Insel halten können, so groß war ich, und genauso fühlte ich mich auch.
Träge trieb ich dahin, sah große Schiffe vorbeiziehen, fremde Küsten und unbekannte Gestade. Einmal kam ich dicht an einen Überseedampfer heran. Da liefen die Leute schreiend und gestikulierend zur Reling, und viele fotografierten mich. Ich steuerte elegant eine Runde ums Schiff herum und tauchte dann, als die Aufregung überhandnahm, in tiefere Gewässer weg.
Auch in den unergründlichen Tiefen der See gab es Wunderwelten zu entdecken: Tiefseefische, die in dunkelster Schwärze zu leuchten begannen, gewaltige Kraken in den Spalten des felsigen Grundes und Muscheln so groß wie Ruderboote. Dann wieder stieß ich auf Wracks gesunkener Schiffe, in denen Krebse und andere seltsame Wesen hausten, und einmal sogar auf eine untergegangene Insel, wo es Ruinen verwunschener Städte gab, rundgeschliffen vom Meer, mit Treibsand bedeckt und völlig überwachsen von Seegras, Wäldern aus Tang und bunten Seeanemonen.
Hier gab es herrliche Plätze zum Ausruhen und Weiden für mich, Plankton in Hülle und Fülle und auch keine Feinde, denn so tief herunter kamen die Menschen nicht. Im Norden mußte ich mich schon eher vorsehen. Zwischen treibendem Packeis lauerten ihre Flotten auf Fang. Es war besser, diese Gebiete zu mei-

den und mehr ins freie Meer zu ziehen, weitab von den Schiffahrtslinien, wo allein der Wind noch regiert. Und dennoch lockten mich immer wieder gerade die Küstenzonen. Besonders die wunderbaren Korallenriffe mit ihren bizarren Unterwasserlandschaften. Nur wurde es hier schwierig zu schwimmen, auch hat ein Wal in solchen Regionen wenig verloren. Also verwandelte ich mich in einen Hai. Ich glitt als Schatten dicht unter der Oberfläche dahin, ließ meine gezackte Rückenflosse über das Wasser ragen, als Warnung für andere, mir nicht zu nahe zu kommen.
Wunderschöne Labyrinthe taten sich mir auf, türkisblaue Lagunen mit Palmen am Strand und fröhlichen braunen Menschen in flinken, wendigen Booten. Nur versetzte sie mein Auftauchen jedesmal in Angst und Schrecken. Dabei hätte ich sie so gerne erheitert, wäre gerne mit ihnen in warmen Buchten um die Wette geschwommen. Eines Abends faßte ich einen Plan.
Ich änderte wieder einmal meine Gestalt und lag nun als Seejungfrau am Strand. Über mir wiegten sich Palmen im Wind, und dazwischen funkelten Millionen Sterne herab. Ich hatte schon eine Zeitlang einen jungen Eingeborenen beobachtet, einen Fischer, der immer um diese Stunde mit seinem Boot zur Lagune kam.
Richtig, da stand er im Boot und hantierte mit seinem Netz. Um seine Aufmerksamkeit auf mich zu lenken, begann ich zu singen. Es war ein altes, trauriges Lied, eins, das ich als Kind gelernt hatte, und stets, wie auch heute, mußte ich dabei weinen. Der junge Mann hob den Kopf und lauschte meiner Stimme. Dann entdeckte er mich und hielt direkt auf mich zu.
Wie erschrak er, als er sah, daß mein schöner Leib unterhalb der Hüften in einen silberschuppigen

Schwanz überging. Aber dennoch war er neugierig, zog sein Boot an Land und kam näher. Eine ganze Weile stand er vor mir und betrachtete mich staunend. Seine Sprache verstand ich nicht, und so blieb mir nichts anderes übrig, als ihn sehnsuchtsvoll anzusehen und weiterzusingen.

Der junge Mann setzte sich zu mir in den Sand und berührte vorsichtig meine Schultern und meine Brust. Da bebte es in mir, und ich schmiegte mich an ihn, als er mich in seine Arme nahm. Lange hatte ich solche Zärtlichkeiten vermißt und mich danach gesehnt auf meinen weiten, einsamen Reisen durch die Unendlichkeit der Weltenmeere. Sehr behutsam war der junge Mann, richtig scheu wegen meiner Gestalt. Aber er küßte mich, und dieser Kuß schmeckte nach Südsee, nach warmen Nächten, nach Versprechen.

Wir trafen uns jeden Abend an gleicher Stelle zu gleicher Stunde und liebten uns unter dem schützenden Himmelszelt. Nur konnte ich nicht mit ihm gehen, so sehr er auch drängte, mein Fischkörper zwang mich immer wieder ins nasse Element zurück. Da stand er dann jedesmal traurig am Ufer und blickte mir nach, als ich gegen Morgen ins offene Wasser schwamm, ihm noch einmal zuwinkte und für den Rest des Tages zum Schlafen zwischen den Korallenbänken verschwand.

Und eines Tages wurde es ein Abschied für immer. Ich hatte mich gerade der Lagune genähert, da kam er mir mit dem Boot entgegen, um mich zu warnen. Die anderen Fischer, soviel verstand ich, machten sich auf, wie jedes Jahr um diese Zeit, Delphine zu jagen. Da tauchten auch schon am Eingang der Bucht die ersten Boote auf. Eine Barriere aus Netzen zogen sie mit sich, und trieben alles, was sich davor bewegte, dem seichten Ufergewässer zu. Es gelang mir gerade noch, ein Stück des Netzes zu zerreißen und durch die Maschen zu schlüpfen. Die anderen aber, Delphine, in Größe und Gestalt mir nicht ganz unähnlich, entkamen nicht. Ich sah sie verstört im flachen Wasser umherirren.

Jetzt sprangen die Fischer aus den Booten und gingen mit Keulen und langen Messern auf ihre Opfer los. In kürzester Zeit war die Bucht vom Blut der Delphine rot durchtränkt. Ich hatte noch immer ihre Schreie im Ohr und auch die lauten, heiseren der Menschen und das Niederklatschen der schrecklichen Messer, als ich mein sicheres Korallenriff erreichte.

Am nächsten Morgen aber vollzog sich im Meer ein geheimnisvoller Wandel. Auf unerklärliche Weise hatte sich die Nachricht vom scheußlichen Massaker der Nacht bei den Tieren der See verbreitet. Gewaltige Delphinschwärme waren herangekommen, zu Tausenden schwammen sie zur Bucht ihrer ermordeten Brüder und Schwestern. Unbemerkt zog ich mit und sah, wie dort die Fischer mit ihren Booten und Netzen zu erneutem Beutefang ausziehen wollten.

Die Delphine rückten näher, ganz schwarz war das Wasser jetzt von der Unzahl ihrer massigen Leiber. Dicht an dicht, stumm und entschlossen schwammen sie auf die Boote zu. Die Menschen schrien und flohen an Land. Doch der riesige Schwarm folgte ihnen bis dicht ans Ufer. Einige Boote zerbrachen dabei. Und dort standen sie sich stundenlang Auge in Auge gegenüber, hier die zornigen Tiere, dort die mittlerweile verängstigten Mörder. Schließlich hielten es die Menschen nicht länger aus. Sie verschwanden zwischen den Palmen in ihren Dörfern und blieben dem Strand tagelang fern. Die Delphine aber blockier-

ten noch eine ganze Woche die Bucht. Dann zogen sie langsam ins Meer zurück.
Ich sah meinen Geliebten nie wieder. Traurig wandelte ich erneut meine Form und wurde zu einer großen Seeschildkröte. Ich schwamm sehr lange, bis ich eine andere Insel erreichte, eine einsame Insel ohne Bewohner, fernab von den Menschen. Dort lag ich eine Zeitlang, um auszuruhen. Und als ich merkte, daß ich schwanger von meinem braunen Fischer geworden war, suchte ich mir einen sonnenbeschienenen Streifen Strand, grub Löcher in den warmen Sand und legte meine Eier hinein. Es mußten viele sein, Tausende, das spürte ich instinktiv, und nur die wenigsten würden überleben.
Die Sonne brütete meine Jungen aus, und am Tag als sie schlüpften, sah ich, daß meine Ahnung zutreffend gewesen war: Über dem ruhigen Strand war plötzlich eine Wolke aufgetaucht, die schrillte aus Millionen heiserer Kehlen. Gierige Schnäbel stießen herab, als meine Jungen zum rettenden Wasser zu laufen begannen. Ich sah, wie die meisten von ihnen es niemals erreichten und vorher gefressen wurden. Sie waren, sosehr sie sich auch beeilten, viel zu langsam gegenüber den blitzschnellen Räubern. Es war ein gnadenloser Wettlauf auf Leben und Tod.
All das sah ich, aber konnte nichts tun. Ich lief zum Wasser und freute mich, dort wenigstens einige Dutzend meiner Kinder heil anzutreffen. Sie waren mit dem Schrecken davongekommen und paddelten aufgeregt herum. Ich brauchte ihnen nicht viel beizubringen, alles, was zum Leben wichtig war, wußten sie bereits. So überließ ich sie ihrer Zukunft und schwamm in die weite See hinaus.
Ich mußte sehr weit gekommen sein und unterwegs

schon wieder meine Gestalt gewechselt haben, denn plötzlich war ich eine durchscheinende Qualle, die mit anderen der gleichen Sorte durch eine Meerenge trieb. Wie ein Teppich aus gläsernen Sternen, so glitten wir in warme Gewässer. Das war das Mittelmeer, so erfuhr ich von den melodisch klingenden Namen der Schiffe; die Levante. Schwammtaucherboote waren unterwegs, die ›Maria Dolores‹ hießen, ›Catharine‹ und ›Santa Smeralda‹. Und auch die Stimmen der Bootsleute waren anders. Abends sangen sie im Schein ihrer Laternen, tranken Wein und spielten glutvolle Lieder auf der Gitarre.

So steuerten wir eine Insel an, die wie ein Gebirge felsig und grün aus den Wassern ragte. Dort, an ihrer südlichen Küste, gab es einen Golf mit weitverzweigten, einladenden Buchten, weißem Sand und romantischen Felsen. In die schönste der vielen Buchten ließ ich mich treiben. Es war ein Paradies. Das Wasser war noch sauber, der Strand wenig verschmutzt, und die dort lebenden kleineren Fische kannten weder Scheu noch natürliche Feinde.

Irgendwann beschloß ich, aus dem Meer zu steigen und als Menschenfrau in einer Hütte zu leben. Ich kochte am Strand, wusch mein Geschirr im Wasser, und abends saß ich vor der Hütte und betrachtete den Silbermond, die unzählbaren funkelnden Sterne über mir und besonders die Venus, die immer an gleicher Stelle ihr gleißendes Licht aussandte.

Ich hätte hinfort immer so leben können, wenn nicht, ja wenn nicht in diesen warmen Nächten die Stimme des Meeres gewesen wäre. Es war, als riefe es nach mir, klagend, daß es mich ans Festland verloren hatte. Und manchmal war mir, als wären auch grollende Untertöne darin, Stimmen gewaltiger Nöcks und Wassergeister. »Sybille«, riefen sie, »was willst du eigentlich dort, wo alles trocken, fest und wohlgeordnet ist? Komm zurück zu uns ins fließende Reich der ewigen Veränderungen!«

Ich hielt nicht lange stand. Da drängte es mich hinaus. Eines schönen Morgens erweiterte ich mein Bad und schwamm ins offene Meer. Am Ausgang der Bucht empfingen mich zwei Wassergeister, ein männlicher roter und ein weiblicher in dunklem, ruhigem Blau. Die nahmen mich mit und führten mich zu einem Schloß tief auf dem Meeresgrund.

Das Schloß war ein gigantisches Schneckenhaus, und der Weg hinab zum großen Saal der Verwandlung führte über eine algenbewachsene Wendeltreppe.

Im Saal der Verwandlung aber lag eine große geöffnete Muschel und in ihr eine ungeheuer große Perle. Glänzend weiß lag sie da, nicht so durchschimmernd wie eine Kristallkugel, aber wenn man genauer hinsah, konnte man in ihr die Welt gespiegelt sehen.

»Das ist das Herz der Welt, das kollektive Unbewußte, das Zentrum«, sagten die Wassergeister und verneigten sich tief, »du darfst nur einmal im Leben in sein Inneres sehen, aber dieser Blick wird alles für immer für dich verändern.«

Da beugte ich mein Gesicht näher an die Perle heran und sah tief in ihr Geheimnis hinein. Mir wurde ganz schwindlig vor Glück. Ein Sog ergriff mich, zog mich nach oben, weg von der Perle, weg aus dem Schnekkenhauspalast, immer weiter nach oben der Oberfläche des Wassers zu. Als ich auftauchte, sah ich über mir den Himmel, und auch er war wie ein Ozean, nur durch eine schmale Grenze vom Meer getrennt. Ohne zu zögern, schwamm ich direkt in diesen Himmel hinein.